DAS LEBEN IST EIN NUTELLA BROT

Tina Schütze

DAS LEBEN IST EIN NUTELLA BROT

Die Welt mit Kinderaugen sehen

südwest

Impressum

ISBN 978-3-517-08990-4

1. Auflage

Lektorat: Angela Stangl, www.lektorat-stangl.de
Umschlaggestaltung: zeichenpool, München
Layout und Satz: Lore Wildpanner
Druck und Verarbeitung: Těšínská tiskárna, a. s., Český Těšín

Printed in the Czech Republic

MIX
Papier aus verantwortungsvollen Quellen
FSC® C005833
FSC
www.fsc.org

Verlagsgruppe Random House FSC® N001967
Das für dieses Buch verwendete FSC®-zertifizierte Papier *Amber Graphic* liefert Arctic Paper.

Inhalt

Die meisten Menschen legen ihre Kindheit ab
wie einen alten Hut.
Sie vergessen sie wie eine Telefonnummer,
die nicht mehr gilt.
Früher waren sie Kinder,
dann wurden sie Erwachsene,
aber was sind sie nun?
Nur wer erwachsen wird und ein Kind bleibt,
ist ein Mensch.[1]

Erich Kästner

VORWORT

Wenn Sie dieses Buch gelesen haben, werden Sie Kinder mit anderen Augen sehen. Und sich selbst vermutlich auch. Denn Kinder sind toll! Und Erwachsene sind doof. Das ist so ziemlich die Aussage der folgenden Seiten. Sollte das zu radikal für Sie sein: Nutzen Sie die Chance, klappen Sie das Buch schnell wieder zu und stellen es zurück ins Regal – noch ist es nicht zu spät!

Verstehen Sie mich nicht falsch. Natürlich bin auch ich eine von diesen „doofen" Erwachsenen, mit einem straff durchorganisierten Alltag, wo alles und jeder funktionieren muss, vor allem meine Kinder. Da bleibt kaum Raum für Widerworte oder Zeit für ein Tänzchen außerhalb der Reihe.

Denn Kinder harmonieren nun einmal so gut mit unseren Plänen wie Sahnetorte und Bikinifigur – nämlich überhaupt nicht. Anstatt einmal zuzuhören, reden wir Erwachsenen furchtbar viel und versuchen ein Erziehungskonzept nach dem nächsten über die Kinder zu stülpen. Dabei wollen wir ihnen eigentlich nur sagen: „Du bist toll, so, wie du bist! Ich liebe dich von ganzem Herzen und nichts wird sich daran jemals ändern. Geh hinaus in die Welt und werde glücklich! Mach was draus! Lebe!" Doch dann kommt uns irgendwie immer der Alltag dazwischen und wir mäkeln und meckern wieder nur an ihnen herum.

Durch unsere Kinder kehrt auch ein Stück weit das Kind in uns wieder zurück. Und mit ihm all die großartigen Erinnerungen und Fantasien, die Sehnsüchte, Träume und Ideale, die wir hatten. Als wir selbst Kinder waren, dachten wir, uns liege die Welt zu Füßen. Aber das tut sie immer noch! Kinder sind unsere zweite Chance auf einen unverfälschten Blick auf die Welt und uns selbst. Jedes Kind weckt in uns den Wunsch nach Autonomie, Freiheit und Selbstentwicklung. Kinder zeigen uns ganz selbstverständlich, wie einfach alles ist und wie sehr wir uns manchmal selbst im Weg stehen. Das Leben ist wundervoll. Auch wir können in die Welt hinausgehen und glücklich werden. Unser Leben gestalten. Erobern Sie die verlockenden „Nutellabrote" Ihrer Kindheit zurück! Damals waren sie das Highlight auf dem Frühstückstisch, ihr Verzehr reglementiert von unseren Eltern. Inzwischen sind wir die Erwachsenen und können selbst bestimmen, was gut für uns ist. Wir haben nur leider in der Zwischenzeit verlernt, die Wunder des Lebens bewusst wahrzunehmen. Zu sehen, spüren, schmecken, riechen und fühlen, wie einfach es ist, glücklich und zufrieden zu sein und uns dieses Glück auch zu erlauben. Sehen Sie die Welt mit Kinderaugen! Wir können so viel von ihnen lernen.

Acht Jahre Chaos-Family-Business stecken in diesem Buch: Streit und Versöhnung, Ratlosigkeit und Inspiration, Freud und Leid, Spaß und Tränen und ganz viel Liebe! Keine repräsentative Studie, aber dafür umso nachhaltigere Erfahrungen, die ich hier gerne mit Ihnen teilen möchte.

Tina Schütze

TEAM CHAOS, NA UND?

„Ein bisschen stehen die Buchstaben noch auf dem Kopf, aber es wird schon alles gut."
Flora, 4 Jahre, bei ihren ersten Schreibversuchen

Manche Menschen wirken einfach makellos und scheinen die Perfektion zu leben. Sie sehen gut aus, sind durchtrainiert, ernähren sich gesund und schweben duftend, strahlend und stets pünktlich ins Büro, sie führen die allerglücklichste Ehe, sind hilfsbereit, aufmerksam, freundlich, fröhlich und entspannt – immer! Noch dazu haben sie unglaublich gut erzogene, wunderhübsche Kinder und wenn sie nicht gerade die Welt retten, engagieren sie sich neben ihrem Job als Elternvertreter im Kindergarten und als Lesepaten in der Schule. Gibt's nicht, sagen Sie? Sie haben recht. Niemand ist perfekt. „Unter jedem Dach ist ein Ach", beschwichtigte mich meine Mutter, als sie sah, wie ich mit meinen zwei kleinen Kindern an meiner Work-Life-Balance herumdokterte und auf das vermeintlich perfekte Glück der anderen schielte.

Grundsätzlich finde ich den steinigen Weg ziemlich reizvoll und auch die Extraportion kreatives Chaos mag ich sehr gern. Seit meine beiden Kinder mitmischen, hat sich mein Leben jedoch zu einem Konfettidesaster gesteigert – es ist wild, bunt, hinterlässt seine Spuren bis in den hintersten Winkel und nie will jemand aufräumen. Pünktlichkeit ist für mich keine Tugend, sondern eine ständige Herausforderung, ich habe klebrige Gummibärchen an meiner Kleidung und meine Handtasche ist voller Schokoladenriegelreste, Bonbonpapier und Kekskrümel. In der täglichen Hektik bleibt häufig keine Zeit für einen flüchtigen Kontrollblick in den Spiegel und so verlasse ich schon einmal das Haus mit Prinzessin-Lillifee-Spängchen im Haar und Essensresten zwischen den Zähnen. Ich vergesse mein Handy, vergesse mein Portemonnaie, vergesse grundsätzlich ziemlich viel, und die Einzigen, die noch chaotischer sind als ich selbst, sind meine Kinder. Mit dem Unterschied, dass sie sich kein bisschen darum scheren. Während ich nach Perfektion strebe, streben sie danach, sie selbst zu sein, und machen wieder einmal alles richtig.

Genau wie wir haben Kinder hohe Ansprüche und wollen Höchstleistungen vollbringen. Gerade Geschwister stehen im ständigen Wettstreit. Die Kleinen wollen auch wie die Großen einhändig Fahrrad fahren oder lesen und schreiben und schrecken vor keiner noch so wilden Kletterpartie zurück. Die Großen versuchen sich natürlich abzugrenzen und ihren Vorsprung gegenüber den Kleinen weiter auszubauen. Mit dem Vorsatz, man müsse sich einfach mal am Unmöglichen versuchen, um herauszufinden, was möglich ist[2], und beseelt vom olympischen Gedanken „Dabei sein ist alles", verbuchen Kinder das „Mögliche" als Etappensieg und streben weiterhin fröhlich nach dem „Unmöglichen". Machen wir uns nichts vor: Diese Lockerheit haben die meisten von uns Erwachsenen irgendwann verloren. Bei uns springt sofort das Kopfkino an und präsentiert im Vorspann unser Ideal vom perfekten Leben und gleich danach in den schillerndsten Farben, was auf dem Weg dorthin alles schiefgehen könnte, sowie mindestens eintausend Gründe, warum es eigentlich viel besser wäre, unser Vorhaben von vornherein abzubrechen. Wie unrealistisch diese vermeintlich perfekten Maßstäbe sind, interessiert uns dabei herzlich wenig. Wir orientieren uns am äußeren Schein, den uns die zahlreichen Hochglanzmagazine präsentieren, und verpassen diesen Bildern den Stempel „Perfekt". So sollte ein Leben aussehen. So sollte *unser* perfektes Leben aussehen. Dass die abgebildeten Menschen auch nicht glücklicher, geschweige denn zufriedener sind, wollen wir nicht wissen. So setzen wir uns unter Druck und beschränken unser Potenzial durch die Angst zu versagen, Erwartungen nicht zu erfüllen und andere und uns selbst zu enttäuschen. In der Folge leiden viele von uns unter Burn-out, Tinnitus, Schlaf-, Ess- oder Angststörungen, Kopfschmerzen oder Depressionen. Als im November 2009 der Selbstmord des Nationaltorhüters Robert Enke dessen Depression offenbarte, wurde zugleich die Schattenseite eines vermeintlich perfekten Lebens sichtbar. Und plötzlich bekam der Druck der heutigen Leistungsgesellschaft ein Gesicht und was lange Zeit als Unzulänglichkeit abgetan wurde seine Anerkennung als ernst zu nehmende Krankheit. Die Weltgesundheitsorganisation (WHO) warnt davor, beruflichen Stress zu unterschätzen, und erklärte ihn sogar zu einer der größten Gesundheitsgefahren unseres Jahrhunderts.[3]

Eigentlich könnte der Wunsch nach Perfektion so ein herrlicher Motor sein, ein anzustrebendes Ideal, ein Quasi-Ziel, doch er wird zum Stressfaktor. Fred Feuerstein halfen die Stresshormone, blitzschnell auf Gefahren zu reagieren und Herausforderungen zu bewältigen. Auch heute, ohne den täglichen Kampf mit dem Säbelzahntiger, ist eine gesunde Portion Stress wichtig, um unser Verhalten an unterschiedliche Situationen anzupassen und Neues zu lernen. Doch bei vielen von uns werden so viele Stresshormone ausgeschüttet, dass wir permanent in Alarmbereitschaft sind. Sich auch einmal entspannt zurückzulehnen, das Leben zu genießen, müssen wir uns geradezu erlauben. Die Folgen sind Schlaflosigkeit, Anspannung, Vergesslichkeit, ein geschwächtes Immunsystem und Erschöpfung. Stressforscher raten, das Stresssystem so schnell wie möglich wieder ins Lot zu bringen. Umso länger es aus dem Gleichgewicht ist, desto gravierender sind die gesundheitlichen Schäden. Langfristig lässt chronischer Stress sogar bestimmte Regionen unseres Gehirns schrumpfen.[4]

***

Das Schlimme daran ist: Wir sind selbst schuld. Den meisten Stress machen wir uns selbst. Auch und vor allem durch den Wunsch nach Perfektion. Wir erschaffen ein Idealbild, das nur wenig mit dem zu tun hat, was andere tatsächlich von uns erwarten. Und was, wenn doch? – Wer, außer uns selbst, entscheidet über unsere Ziele? Nur wir und niemand sonst entscheidet darüber, was wir im Leben erreichen wollen und welchen Weg wir dafür wählen. Wir sind nicht perfekt? – Na und? Entscheidend ist doch, dass wir beweglich bleiben und lernen, mit Niederlagen, Fehlern und Makeln umzugehen. Natürlich will jeder von uns seine Ziele erreichen und es ist frustrierend, wenn etwas nicht so klappt, wie wir das gerne hätten. Doch es ist nicht allein die Situation, unter der wir leiden, sondern vielmehr die damit einhergehenden Gedanken und Emotionen. „Was denken die anderen jetzt über mich?“, „Oh, ist das peinlich!“, „Das war so klar, dass ich das nicht schaffe!“ – Traurig und verärgert lecken wir unsere Wunden und hoffen, dass unsere Schmach möglichst unentdeckt bleibt.

Kinder reagieren in diesem Punkt genauso, doch im Gegensatz zu uns geben sie deswegen nicht auf. Aus Angst, sich wieder dumm anzustellen oder etwas falsch zu machen, trauen wir uns nicht an neue Aufgaben. Wie ein Schiffbrüchiger auf einer einsamen Insel schauen wir frustriert und deprimiert auf die Schiffe, die am Horizont vorbeiziehen – unerreichbar, weil wir sie mit unserem mickrigen Feuer nicht auf uns aufmerksam machen können. Kinder würden nun sofort losrennen und wieder neues Feuerholz suchen, um beim nächsten Rettungsschiff garantiert gesehen zu werden. Was machen wir? Wir verharren im Stillstand, finden es ganz schrecklich, reden uns aber gleichzeitig ein, dass es sich einfach nicht lohnt, noch einmal all den Aufwand zu betreiben, wenn es ganz bestimmt wieder nicht funktioniert. Also stecken wir den Kopf in den Sand und verwerfen gleich noch all die anderen tollen Ideen, die uns von dieser einsamen Insel weg und zurück in die Zivilisation bringen könnten. Und so stehen wir mit der Perfektion auf Kriegsfuß, anstatt sie als Katalysator für unser Potenzial zu nutzen.

Buddhisten und Yogis üben die Konzentration auf ihren Atem und schalten dadurch, für eine gewisse Zeit, ihren Verstand aus und mit ihm all das Bewerten, Beurteilen und Kritisieren – das pausenlose Geschnatter in unserem Kopf. In diesen ruhigen Momenten der Entspannung finden sie zu sich selbst zurück. Die Meditationstrainerin Susan Piver verglich einmal unser Leben und Denken mit dem Jagen eines Hundes nach einem Stöckchen. Wie der Vierbeiner hetzen und hecheln wir durch unseren Tag, streben immer schneller und weiter nach vorn und unsere Gedanken machen mit. So aufgedreht, fällt es uns natürlich schwer, Ruhe und Ausgeglichenheit zu finden. Susan Piver ist der festen Überzeugung, dass wir uns durch regelmäßige Meditation von einem Hund in einen Tiger verwandeln können. Einen Tiger, der nicht jedem Stöckchen hinterherrennt, sondern sich umdreht, um nachzusehen, wer das Stöckchen geworfen hat. Wer es schafft, kleine Oasen der Ruhe in seinem Alltag zu etablieren, hat also die Chance, seinen Gedanken auf den

Grund zu gehen, und findet dadurch die Kraft, Lösungen für auftretende Schwierigkeiten zu finden. Aber auch die Gelassenheit, sich mit einer ausweglosen Situation abzufinden, um langfristig wieder glücklich zu werden.

Es liegt also an uns, mit dem Möglichen zufrieden zu sein und ob wir weiterhin nach dem Unmöglichen streben wollen. Krankheiten wie Burn-out entstehen vor allem aus dem Druck, die Erwartungen anderer erfüllen zu müssen. Sollten jedoch wirklich „die anderen" unser Maßstab sein?

Vielleicht kennen Sie ja die Geschichte des türkischen Till Eulenspiegel, Nasreddin Hodscha, über den Mann und seinen Sohn, die in der Mittagshitze mit ihrem Esel durch die staubigen Gassen zogen? Darin reitet der Vater auf dem Esel und sein Sohn läuft neben ihm. Ein Passant empört sich: „Der arme kleine Junge. Seine kurzen Beine versuchen, mit dem Tempo des Esels Schritt zu halten. Wie kann man nur so faul auf dem Esel sitzen, wenn man sieht, dass das Kind sich müde läuft?" Also steigt der Vater ab und setzt seinen Sohn auf den Esel. Kaum sind sie ein paar Schritte gegangen ruft ein anderer: „So eine Unverschämtheit! Sitzt doch der kleine Bengel wie ein König auf dem Esel, während sein armer alter Vater nebenherläuft." Nun setzt sich der Vater zu seinem Sohn auf den Esel. Doch nach ein paar weiteren Schritten ruft eine alte Frau empört: „Jetzt schaut euch die beiden an. So eine Tierquälerei! Dem armen Esel hängt der Rücken durch und der junge und der alte Nichtsnutz ruhen sich auf ihm aus. Der arme Esel!" Daraufhin steigen beide ab und laufen neben dem Esel her. Sie kommen nicht weit, da sagt ein anderer belustigt: „Wie kann man nur so blöd sein? Wozu habt ihr einen Esel, wenn ihr ihn nicht nutzt?" Sie sehen, was ich meine?

Nach Perfektion zu streben ist nicht unbedingt falsch, schließlich gibt es genug Mittelmaß. Allerdings sollten nur wir selbst dafür Maßstab sein und nicht „die anderen". Wir können es nicht allen Menschen recht machen und so ergibt es auch keinen Sinn, sich zu fragen, ob andere gut finden, was wir tun. Statt uns darauf zu konzentrieren, was andere denken könnten, lernen wir lieber loszulassen und uns auf uns selbst zu konzentrieren.

Wir müssen selbst entscheiden, was richtig und falsch ist. Wir müssen selbst entscheiden, wie wir unser Leben leben wollen. Wir müssen selbst entscheiden, was für uns wichtig ist. Also fragen Sie sich: Was zählt wirklich für mich?

Wenn wir in allem Perfektion von uns fordern und unsere Selbstachtung davon abhängig machen, wie perfekt wir etwas erledigen, haben wir früher oder später ein Problem. Wir werden uns minderwertig fühlen, wenn wir Fehler machen oder Schwäche zeigen. Vielleicht sogar zu Suchtmitteln greifen, um negative Gefühle, die Misserfolg und Versagen begleiten, zu betäuben. Wir werden uns durch den enormen Erfolgsdruck überfordern und auf Dauer psychisch und physisch erschöpfen.

Und: Wir werden uns kaum noch über unsere kleinen Erfolge freuen können, sondern über unsere Unvollkommenheit grübeln und dabei wie ein Hunde, der seinem Schwanz hinterherjagt, der Frage nachhängen, warum wir uns nicht noch mehr angestrengt haben. Machen wir es lieber so wie unsere Kinder: chaotisch, na und?

Das Leben ist ein Nutellabrot – Nachschlag gefällig?

Wie gesund oder ungesund Ihr persönlicher Drang nach Perfektion ist, sehen Sie schnell an Ihrem Umgang mit Fehlern und Misserfolgen. Lassen Sie kleine Mängel zu, anstatt sich selbst zu zerfleischen. Das ist leichter gesagt als getan, doch auch in diesem Fall ist die Erkenntnis der erste Schritt zur Veränderung. Vielleicht gibt Ihnen ja dieses bekannte Gebet die nötige Gelassenheit:

Gott, gib mir die Gelassenheit, Dinge hinzunehmen, die ich nicht ändern kann, den Mut, Dinge zu ändern, die ich ändern kann, und die Weisheit, das eine vom anderen zu unterscheiden.[5]

Und vergleichen Sie sich nicht mit anderen. Es wird immer jemand die bessere Figur haben, das vollere Haar, mehr Geld verdienen, ein schnelleres Auto fahren, ein größeres Haus bauen ... So einzigartig, wie jeder von uns ist, so unterschiedlich sind natürlich auch unsere Stärken und Schwächen. Und ja, ich weiß: Eine Schwäche für Schokolade ist etwas anderes als eine Lese-Rechtschreib-Schwäche und überragend gut im Becherstapeln zu sein ist nicht das Gleiche, wie über die Fähigkeiten eines Handchirurgen zu verfügen. Aber es kann nun mal nicht jeder Batman sein und die Robins dieser Welt werden genauso dringend gebraucht. Und wer weiß, vielleicht wendet sich ja doch irgendwann das Blatt und Becherstapeln wird eine olympische Disziplin?

Lernen Sie, sich selbst anzunehmen. Wir können nur über uns hinauswachsen, wenn wir wissen, wer wir sind und was wir im Leben erreichen wollen. Wir sollten unsere Begabungen nicht bewerten. Jeder hat einzigartige Talente und es wäre doch eine Verschwendung, sie ungenutzt zu lassen, bloß weil wir sie abwerten und lieber wie jemand anders sein wollen. Also, leben Sie, wie es Ihrer Persönlichkeit und Ihren Fähigkeiten entspricht. Akzeptieren Sie Ihre Fehler und streben Sie stetig nach Verbesserung. Versuchen Sie, Ihren Stärken zu folgen. Aber bedenken Sie: Niemand wird von Ihnen Wunder erwarten! Sie können es also ganz locker angehen lassen … und warum nicht auch ein bisschen chaotisch?

J
E
T
Z
T

JETZE!

„Ist heute eigentlich morgen?“, fragt Paul, 5, auf dem Weg zum Kindergarten

Wenn es um das Thema Zeit geht, sind unsere Kinder ganz pragmatisch. Vergangenheit? Zukunft? Entweder jetzt oder sofort oder jetzt sofort. Punkt. Wenn sie auf die Welt kommen, wollen sie jetzt essen, jetzt eine frische Windel oder jetzt schlafen und natürlich kuscheln, jetzt sofort. Und mein treuer Gefährte Tinnitus erinnert mich noch heute an das Babygeschrei, wenn ihnen dieses „JEEEEEETZT!“ nicht schnell genug ging. Auch wenn das Geschrei bald weniger wurde, mit den Zeitformen haperte es in den ersten Jahren meiner Kinder – nicht nur grammatikalisch. Wann ist gestern und wann morgen? Und was meinen die Erwachsenen eigentlich mit nächster Woche? Für ein Kindergartenkind ist das wirklich schwer zu verstehen. Unglaublich, dass nach dem Mittagsschlaf noch immer der gleiche Tag weitergeht!

Doch Kinder lernen schnell und so finden sie auch bald Gefallen am „glaa-eich“. Das hören sie sehr oft von uns Erwachsenen und ist quasi eine Zeitform für sich. So wie wir Erwachsenen versuchen, mit diesem „Gleich“ noch etwas Zeit herauszuschinden, obwohl doch ganz doll dringend mal etwas hergezeigt, vorgeturnt und mitgemacht werden soll, so wissen auch Kinder recht bald, wie der Hase läuft. Zum

Beispiel wenn die Eltern darum bitten, Hände zu waschen, Spielsachen wegzuräumen oder zum Essen an den Küchentisch zu kommen. „Mach ich gleich, Mama!"

Aber glücklicherweise ist das vorerst alles, was sie in Sachen Zeit von uns Erwachsenen übernehmen. Das sage ich jetzt, während ich in aller Ruhe diesen Text schreibe. Wenn morgen früh der Wecker klingelt und ich meine Kinder antreibe, ihr Frühstück zu essen, Zähne zu putzen und sich anzuziehen, damit wir pünktlich das Haus verlassen können, wünsche ich mir wie an jedem Tag, sie hätten etwas mehr von meinem Zeitverständnis. Allein das Zähneputzen kann bei Kindern eine halbe Stunde dauern. Okay, vermutlich putzen sie davon nur eine halbe Minute lang ihre Zähne. Die restlichen 29 Minuten verbringen sie damit, Wasserstrudel im Abfluss zu beobachten, sich gegenseitig nass zu spritzen, mit dem Seifenschaum zu spielen, im Badezimmerschrank zu stöbern und Grimassen im Spiegel auszuprobieren. Aber ob Sie es glauben oder nicht, auch das können wir uns von unseren Kindern abgucken. Abgesehen davon, dass diese Spielereien sicherlich viel Spaß machen, zeigen sie doch, wie sehr sich Kinder dem Augenblick hingeben können.

Wetten, dass Sie beim Zähneputzen nicht ans Zähneputzen denken? Also ich nicht. Je nach Uhrzeit gehen mir die Dinge durch den Kopf, die hinter mir liegen beziehungsweise noch vor mir. Typisch für uns Erwachsene. Wir leben entweder in der Vergangenheit oder in der Zukunft und verpassen dabei den Augenblick. Und dann wundern wir uns, dass uns die Zeit regelrecht durch die Finger rinnt und die Tage und Wochen an uns vorbeirauschen und wir abends schon nicht mehr wissen, was wir mittags gegessen haben. Denn vermutlich haben wir der Mahlzeit genauso wenig Beachtung geschenkt wie dem Zähneputzen. Haben das Mittagessen mit Kollegen verbracht oder nebenbei gelesen oder ferngesehen und einen Bissen nach dem anderen achtlos hinuntergeschlungen, um uns schnell wieder den „wichtigen“ Dingen zu widmen. Aber welche waren das noch gleich? Die wichtigen Dinge? Denn sobald wir nach dem Essen wieder arbeiten, hetzen wir ebenso schnell durch Termine und Aufgaben, weil wir uns schließlich auf den Feierabend freuen. Und den könnten wir tatsächlich genießen, würden sich in unseren Gesprächen und Gedanken nicht die unschönen Erlebnisse aus unserem stressigen Arbeitstag wiederholen.

Wann haben Sie das letzte Mal innegehalten und ganz bewusst den Augenblick genossen? Eine Mahlzeit zum Beispiel oder die wärmende Sonne, den Wind, den Anblick eines lieben Menschen, ein inspirierendes Gespräch, ein schönes Lied, Ihren gleichmäßigen Atem beim Sport, einen besonders schönen Satz in einem Buch, das Zwitschern eines Vogels, ein lustiges Gesicht, wo eigentlich keins sein sollte, eine liebevolle Umarmung. Es gibt so viele wunderbare Dinge für uns, jeden Tag, doch sie rauschen unbeachtet an uns vorbei wie die Bilder eines Films. Seit wir alle stolze Smartphone-Besitzer sind, hat sich unser Sichtfeld ohnehin auf die Größe einer Handfläche reduziert. Immer wenn sich etwas besonders Schönes ereignet, genießen wir diesen Moment in zigfacher Verkleinerung. Neulich auf dem Bahnhof sah ich, wie ein Empfangskomitee, bestehend aus zwei kleinen Jungen und ihrem Papa, im Sturm auf die Mutter von dieser ausgebremst wurde, weil sie noch schnell ein Handyfoto von den dreien machen wollte. Sie haben geduldig gewartet, bis sie sich schließlich ihre Umarmung abholen durften. Anstatt den Moment in seiner Schönheit aufzusaugen, denken wir inzwischen mehr daran, wie sehr wir uns später wieder und wieder über dessen Abbildung freuen werden. Ich fürchte, es gibt nur sehr wenige Momente, in denen wir wirklich bei der Sache und präsent in unserem Leben sind.

Im Hier und Jetzt sind wir oft zu beschäftigt, um unser Leben aktiv zu gestalten. Gleichzeitig sind viele von uns unzufrieden mit ihrem Job, ihrem Lebensstandard, ihrem Körper oder ihrer Beziehung. Und wann ändern wir etwas daran? Jetzt? Oder doch lieber morgen? Wir sind wirklich gut darin, zukünftige Optionen in der Theorie zurechtzubasteln, sie aber nie wirklich anzugehen. Zu schön ist es, davon zu träumen und die (eventuell ernüchternde) Realität aufzuschieben. Wir Erwachsenen sind meist gefangen im „Wenn ich erst …

… 5 Kilo abgenommen habe."
… meinen Abschluss gemacht habe."
… mehr Geld verdiene."
… ein besseres Auto habe."
… umgezogen bin."
… aus dem Urlaub zurück bin."
… meine Kinder aus dem Haus habe."
… meine Firma etabliert habe."
… einen liebevollen Partner gefunden habe."

Doch selbst wenn wir diese Ziele endlich erreicht haben, sind wir nicht glücklich. Aus jedem erreichten Wunsch erwächst ein neuer. Gleichzeitig machen wir unser Handeln von äußeren Umständen wie zum Beispiel dem Wetter abhängig. Wenn es wieder wärmer wird/die Tage kürzer/die Tage länger werden/der Schnee getaut ist/es weniger regnet ... dann beginnen wir mit unserer Diät, unserer Fortbildung, unseren Fahrstunden, unserem Nähkurs oder unserem Fitnessprogramm. Es gibt also immer genügend Gründe, etwas noch nicht zu beginnen oder noch nicht zu beenden, und vor allem gibt es immer genügend Gründe, jetzt noch nicht glücklich zu sein. Doch es sind nicht die äußeren Umstände, die uns daran hindern, den Augenblick zu genießen, sondern wir selbst. Wer im gegenwärtigen Moment unzufrieden ist und sich nicht die Zeit nimmt zu hinterfragen, warum das so ist, sondern sich nur auf die Zukunft konzentriert, wird auch im Morgen nicht glücklicher werden. Jon Kabat-Zinn, Professor für Molekularbiologie an der Universität Massachusetts, lehrt Achtsamkeitsmeditation. Für ihn ist die Voraussetzung für Wohlbefinden, in der unmittelbaren Gegenwart zu sein, jeden einzelnen Moment auszuschöpfen und zu genießen. Im Jetzt zu leben sei wichtig, denn Zukunft und Vergangenheit seien nur Konstrukte.[6]

Kinder finden das Jetzt spitze und haben, außer so schnell wie möglich erwachsen zu werden, keine großen Ansprüche an das Morgen. „Gestern" scheint Jahre her zu sein und „später" hört sich irgendwie viel zu weit weg an – zumindest für meine Tochter. Neulich wollte sie gern auf den Spielplatz gehen. Ich hatte jedoch geplant, den Vormittag zu nutzen, um noch etwas am Schreibtisch zu arbeiten. Also versuchte ich ihr den Spielplatzbesuch für den Nachmittag schmackhaft zu machen. „Nein, heute!", antwortete sie und meine Beschwichtigung „Ja, ich möchte ja auch heute, aber eben erst heute Nachmittag" trieb ihr fast Tränen der Verzweiflung in die Augen. Ist denn das so schwer zu verstehen? „Aber ich will doch heute auf den Spielplatz!" Wir Erwachsenen sind wirklich irre kompliziert und immer verschieben wir alles auf später – sogar unser eigenes Leben.

Das Leben ist ein Nutellabrot – Nachschlag gefällig?

Um herauszufinden, was uns in der Zukunft glücklich machen wird, müssen wir die Gegenwart aktiv wahrnehmen. So lernen wir uns selbst besser kennen und entdecken, was für ein tolles Leben wir bereits führen und wofür wir dankbar sein können. Allein dadurch gewinnen wir neue Kraft und Zuversicht und gehen dann auch entspannter an weitere Zukunftspläne.

Wie Sie wieder einen Zugang zu Ihren Gefühlen, Gedanken und dem Augenblick finden, liegt ganz bei Ihnen. Der brasilianische Bestsellerautor Paulo Coelho geht dafür zum Beispiel unter die Dusche.[7] Die Ideentrainerin Anja Ebertz schwört aufs Haareföhnen. Livia Ximénez Carrillo und Christine Pluess, die beiden Designerinnen hinter der Modemarke Mongrels in Common, schotten sich in hektischen Momenten und schwierigen Situationen ab, schließen die Türen und Fenster und beginnen in aller Ruhe, ihre Nägel zu lackieren. Ich habe Meditation und Yoga ausprobiert, kann mich jedoch am besten beim Training mit einem Pezziball fokussieren. Das ist so eine wackelige Angelegenheit. Ein Blick zur Seite, ein unachtsamer Gedanke, und ich lande unsanft auf dem Boden. Alle diese Handlungen haben eines gemeinsam: Sie helfen loszulassen, unschöne Gedanken und Emotionen genauso wie Stress. Und das können Sie auch, immer und überall. Nehmen Sie eine alltägliche Situation wie das Ein- und Ausatmen, die Zubereitung einer Mahlzeit, einen Spaziergang, das Staubsaugen, Singen, Tanzen oder Malen, was immer Sie wollen, und öffnen Sie sich ganz und gar dafür. Genießen Sie diesen Augenblick mit jedem

Detail. Lassen Sie alles los und beobachten Sie unaufgeregt Ihre Emotionen und Gedanken. Versuchen Sie, nichts zu erzwingen. Kein Drängen und Zerren, eher ein Hingeben und Fallenlassen. Und Sie werden sehen, wie Sie sich automatisch entspannen und wieder Herr beziehungsweise Frau der Lage werden. Und vor allem werden Sie wieder erfahren, was es heißt, im Hier und Jetzt zu sein.

1
LETZTER
ALLER-
BESTER
LETZTER

STOLZ WIE BOLLE

„Zeig mal her, ich kann das viel besser als du!“
Emil, 8 Jahre, versucht anstelle seiner Mama das Apfelmusglas zu öffnen.

Meine Schreibtischplatte hat eine Farbe, doch welche, daran kann ich mich schon nicht mehr erinnern. Denn auf diesen 1,50 Metern mal 50 Zentimetern herrscht ein chronisches Blätterchaos. Zu 97 Prozent handelt es sich dabei um die gesammelten Werke meiner Kinder, strahlend überreicht mit den Worten „Mami, das hab ich für dich gemalt!“. Begleitet von dem rituellen Austausch von Küsschen und Umarmungen, landet schließlich Kunstwerk Nummer Zweimillionenachthundertsiebenunddreißig inmitten dieser kunterbunten Hügellandschaft, die einst mein Arbeitsplatz war. Arno Stern hätte seine Freude an den Krakeleien, mir offenbart sich deren Inhalt nur dank ausführlicher Beschreibung durch die kleinen Künstler: „Guck mal, Mami, ganz viele Herzen!“ Auch wenn ich kaum noch Platz für meine eigene Zettelwirtschaft habe, wegwerfen kommt natürlich nicht infrage. Den darauf folgenden Vorwürfen und traurig fragenden Blicken meiner Kinder wäre mein Mutterherz nicht gewachsen. Kommt die Oma zu Besuch, lacht sie sich beim Anblick meines Schreibtisches vermutlich heimlich schlapp. Denn auch in ihrem Haushalt finden sich nach wie vor ambitionierte

(Muttertags-)Geschenke aus meiner Kindheit: Topflappen (gehäkelt und bestickt), krumme Knetfiguren, Untersetzer aus Flaschenkorken und windschiefe Keramikvasen. Ich hatte mir Mühe gegeben und war immer wahnsinnig stolz auf das Ergebnis. Genau wie meine Kinder heute. Mama und Papa eine Freude zu bereiten, bringt sie zum Strahlen. Wenn sie etwas Neues gelernt oder eine Hürde ganz selbstständig gemeistert haben, sprühen sie vor Glück. Und dann soll es natürlich alle Welt sehen. Da die Eltern in der Regel am ehesten greifbar sind, tönt es über die Spielplätze und in den Kinderzimmern: „Guck mal! Ma-ami! Pa-api!" Und dann werden Bilder gezeigt, Kunststücke vorgeturnt, Legobauten präsentiert. Als Gegenleistung loben und applaudieren wir und ermuntern zur weiteren Eroberung der Welt.

Mein Alltag ist natürlich längst nicht so aufregend und voll glorreicher Heldentaten wie der meiner Kinder, doch noch immer gebe ich mir viel Mühe und bin sehr oft stolz auf meine Leistung und glücklich mit meiner Arbeit. Hin und wieder hätte auch ich etwas zu verkünden und würde mich, ehrlich gesagt, über Lob freuen. Das erhalte ich zwar eher selten, aber ich kann mich auch nicht daran erinnern, wann ich das letzte Mal meine Mitmenschen auf mich und meine Taten aufmerksam gemacht habe. „Wie war dein Tag?", „Ach, ja. Ganz okay", entspricht schon eher dem allabendlichen Dialog zwischen meinem Mann und mir. Sätze wie „Schau mal, wie toll ich das ganz allein geschafft habe!" bleiben unausgesprochen.

Meine Kinder sind wirklich fantastisch – aber ich bin es auch. Im Unterschied zu ihnen würde ich mich jedoch nie trauen, das laut zu sagen. Doch warum eigentlich nicht? Was ist so falsch daran, stolz auf sich zu sein?

Stolz ist ein Gefühl großer Zufriedenheit mit sich selbst, die Freude, etwas Besonderes und Anerkennenswertes geschaffen zu haben. Also eigentlich etwas ganz Wunderbares. Mit dieser fundamentalen Emotion kommt jeder von uns auf die Welt, je nachdem, in welchem Land/in welcher Kultur wir aufwachsen, lernen wir jedoch, Stolz auf unterschiedliche Weise auszuleben. Wir Deutschen gehören dabei eher zu den zurückhaltenden Nationen. Ein Grund dafür könnte unsere religiöse Prägung sein, denn die römisch-katholische Kirche findet Stolz wenig erstrebenswert. Stolz, eine der sieben Hauptsünden, ist bis heute negativ belegt und wird mit Hochmut gleichgestellt. Ein anderer Grund für unsere Zurückhaltung ist, neben Demut und Bescheidenheit, auch die Angst vor einer negativen Bewertung. Egal worauf wir stolz sind, egal mit welchem „Produkt“ wir uns in der Öffentlichkeit präsentieren, wir machen uns angreifbar. Denn wenn wir anderen unsere Leistung, unser Werk, unsere Idee präsentieren, kann jeder seinen Senf dazugeben. Und kaum einer möchte dann so etwas hören, wie „Das find ich doof!“. Um uns zu schützen und anzupassen, halten wir also mit dem, was wir tun und denken, hinterm Berg. Dann fallen wir nicht auf, keiner kann meckern, was für ein Angeber wir sind, und wir müssen uns auch keiner Kritik stellen. Wir müssen jedoch auch damit leben, dass unsere Leistungen nicht wahrgenommen werden und wir gelegentlich vergebens auf Lob warten.

***

„Ich möchte gern, daß man Stolz als eine edle Eigenschaft der Seele ansähe; als ein Bewußtsein wahrer innerer Erhabenheit und Würde […]“, wünschte sich der Schriftsteller und Aufklärer Adolph Freiherr Knigge.[8] Also, das hört sich doch ganz wunderbar an. Wenn der Meister des guten Benehmens Stolz als etwas Edles empfindet, als eine Eigenschaft unserer Seele, dürfen wir wohl ohne schlechtes Gewissen diese innere Erhabenheit und Würde auch nach außen tragen. Demut und Bescheidenheit in allen Ehren, aber wir können eben auch ohne falsche Scheu stolz auf uns sein.

Bleibt also noch die Sache mit der permanenten Bewertung, ausgelöst dadurch, dass wir uns mit anderen vergleichen. Wann sind wir Erwachsenen wirklich frei von Erwartungen und Vorgaben? Nie. Wir schauen nach rechts und links und nach vorn und hinten und nach oben und unten und vergleichen uns. Dabei sind das doch ganz andere Menschen mit eigenen Geschichten, Fähigkeiten und Voraussetzungen, unterschiedlichen Werten und Wahrnehmungen. Wie können wir uns vergleichen, wenn wir doch alle einzigartig sind?

Das gilt auch und insbesondere für den ewigen Kampf von uns Frauen gegen den eigenen Körper. Ich kenne keine Frau, die mit sich hundertprozentig zufrieden ist oder sich als „schön“ bezeichnen würde. Egal ob die Beine zu dick oder zu kurz sind, der Bauch zu schwabbelig, die Brüste zu klein, die Haare zu dünn, die Lippen zu schmal, die Füße zu groß – irgendetwas findet jede Frau an sich verbesserungswürdig. Nicht so meine dreijährige Tochter, die fühlt sich pudelwohl in ihrem Körper.

Wenn wir nach dem Essen zufrieden und pappsatt zusammensitzen und ich gerade unauffällig unter dem Tisch versuche, meinen Gürtel zu lockern, streckt sie ihren Kugelbauch heraus und freut sich: „Guck mal, Mami, mein dicker Bauch!“ Wann immer sich die Gelegenheit bietet, bewundert sie ihre kleine Murmel, dreht und wendet sich mit leuchtenden Augen vor dem Spiegel – ihrem besten Freund. Nackig und frisch eingecremt? Schnell vor den Spiegel. Die Haare neu frisiert? Ein lustiges Gesicht ausprobieren? Vor den Spiegel! Wir Erwachsenen riskieren da lieber nur verstohlen einen Blick in die Fensterscheibe, zupfen hastig vor dem Fahrstuhlspiegel die Haare zurecht oder hoffen einfach darauf, dass alles noch am rechten Platz sitzt, statt uns die Blöße zu geben, uns öffentlich zu bestaunen. Wer es doch wagt, wird mit hochgezogenen Augenbrauen, Getuschel und abfälligem Lächeln bestraft. Dabei wäre es doch herrlich, sich noch eine Sekunde länger vor dem Spiegel zu drehen und zu wenden, wenn wir doch wirklich zufrieden mit dem sind, was wir sehen. Egal was die anderen denken.

Oder anders gefragt: Kennen Sie eine Mutter, die ihr Kind nicht als schön oder gar perfekt beschreiben würde? Natürlich tragen Kindchenschema und Hormone ihr Übriges dazu bei, doch eines steht fest: Wir sind ganz verzaubert von unserem Nachwuchs und können uns gar nicht sattsehen an ihm. Sicher sind Ihnen auch schon Mütter aufgefallen, denen man am liebsten über die Straße helfen würde, weil sie auch im größten Verkehrschaos alles um sich herum vergessen und wortwörtlich mit dem Kopf im Kinderwagen versinken.

Doch mal ehrlich: Was Babys an Speckfalten zu viel haben, fehlt ihnen an Kopfbehaarung. Sie sabbern und pupsen, haben stinkige Windeln und ihr Lächeln ist zahnlos. Sind Zähne und Haare gewachsen, mutieren sie zu tollpatschigen, klebrigen, verschmierten Sand-(wahlweise auch Schokoladen-, Farb- oder Keks-)Monstern. Wehe dem, der sich traut, das einer Mutter ins Gesicht zu sagen. Sie wird wohl keine Sekunde zögern und ihre Krallen ausfahren, um ihren kleinen Liebling zu verteidigen. Weil wir unsere Kinder so lieben, wie sie sind. Und jetzt sagen Sie mal einer Frau, sie solle sich ebenso liebevoll betrachten wie ihr Kind. Uns selbst so lieben, wie wir sind? Wenn Sie Glück haben, kommen Sie mit einem müden Lächeln davon, vermutlich eher mit einem blauen Auge … Und das meine ich ernst. Leider.

Wie verschoben unser Selbstbild ist, bewies ein Experiment einer Kosmetikfirma, das im April 2013 in den sozialen

Netzwerken verbreitet wurde. Ein Künstler fertigte Porträts von Frauen an, die hinter einem Vorhang saßen und ihr Aussehen beschreiben sollten. Im Anschluss daran wurde ein zweites Bild gezeichnet, allerdings wurden die Frauen nun von einer anderen Person beschrieben. Sie ahnen es: Die Bilder zeigten jeweils eine schöne und eine weniger attraktive Variante von ein und derselben Frau. Unnötig zu sagen, wem welche Darstellung zu verdanken war.[9]

***

Was ist also mit uns passiert? Wir waren doch auch einmal so stolze Dreikäsehochs wie unser Nachwuchs. Sätze wie „Guck mal, Mami, wie gut ich das kann!“, „Da bin ich der Beste in meiner Klasse!“, „Ich bin echt superschnell!“ strotzen vor so viel Selbstvertrauen und Energie, dass mir manchmal die Kinnlade runterfällt. Auch wenn seit Facebook „das Angeben“ wieder etwas in Mode gekommen ist, sind wir Erwachsenen aus besagten Gründen doch generell eher bescheiden im Anpreisen unserer Leistungen. Lieber beißen wir uns auf die Zunge, anstatt zu verkünden, dass wir unsere Doktorarbeit echt klasse durchgezogen haben oder endlich in einer angemessenen Gehaltsklasse angekommen sind, das Mittagessen uns wieder einmal wirklich spitzenmäßig gelungen ist, die Wohnung erstklassig aufgeräumt wurde und wir heute Morgen das Wettrennen gegen die Straßenbahn haushoch gewonnen haben. Also, ich versuch das ab jetzt. Und Sie?

Das Leben ist ein Nutellabrot – Nachschlag gefällig?

Vor 50 Jahren schuf Arno Stern in Paris den „Malort". Ein ganz besonderes Malatelier für Kinder und Erwachsene, das schon damals großes Aufsehen erregte. Im „Malort" sind die Fenster verhangen und die Wände kunterbunt. In der Mitte des Raumes steht eine Palette mit Farben und Pinseln und an den Wänden hängen weiße Blätter. Noch. Sobald die Teilnehmer nach den Pinseln greifen, beginnt ein fantastisches Spiel mit Farben und Formen. Sie haben bei Arno Stern (und all den Ablegern überall auf der Welt) einmal in der Woche für 90 Minuten die Chance, frei zu sein. Sie spielen und sollen das auch. Keine Konkurrenz, keine Wertung, kein Urteil, keine Deutung und auch keine Vergleiche. Es darf sich über alles unterhalten werden, nur nicht über die Bilder. Das respektvolle und friedliche Nebeneinander und der geschützte Raum tragen offenbar zur Selbstachtung der kleinen und großen Menschen bei. Einige von ihnen kommen seit Jahrzehnten jede Woche zu dem inzwischen über 80-jährigen Stern. Er beschreibt seinen „Mal-ort" als „ein fremdes Land – ein Traumland".[10] Denn hier gibt es kein Richtig und kein Falsch. Hier wird niemand beeinflusst – nicht mit Lob und auch nicht mit Kritik.

Sie können sich Ihren eigenen kleinen Malort erschaffen, indem Sie sich und Ihre Taten befreien. Machen Sie sich unabhängig vom Urteil anderer und freuen Sie sich wieder an den eigenen Leistungen! Denn wie kann die Begeisterung für etwas Selbsterbrachtes falsch sein? Warum soll ich nicht stolz auf mich sein, wenn ich mein Bestes gegeben habe?

KANNST DU MIR HELFEN?

„Mama, kannst du meine Schuhe aufschleifen?!"
Stella, 3 Jahre, eines Morgens im Kindergarten

Elefantenbabys können fünf Minuten nach der Geburt stehen und bereits nach einer Stunde laufen. Bis ein Menschenbaby den ersten Schritt macht, vergeht ungefähr ein Jahr. Und auch sonst schneiden wir im Vergleich zu anderen Säugetieren ziemlich schlecht ab. Wir kommen völlig hilflos auf die Welt. Nun könnte man meinen, weil wir nur durch die Unterstützung unserer Eltern zu selbstständigen Wesen heranwachsen und das in manchen Familien gut und gerne 30 Jahre und länger dauern kann, haben wir auch ein sehr entspanntes Verhältnis zum Thema Helfen, doch das Gegenteil ist der Fall. Zumindest bei uns Erwachsenen, denn Kinder sind in diesen Dingen tiefenentspannt. Für sie ist es selbstverständlich, dass wir ihnen morgens die Anziehsachen herauslegen, die Frühstücksbrote schmieren, ihnen beim Zähneputzen und beim An- und Ausziehen helfen, sie anschließend zur Kita oder Schule chauffieren und nachmittags zum Musikunterricht oder Sport. Dass wir für sie kochen, aufräumen, Wäsche waschen, ihnen bei kniffligen Puzzleteilen helfen, für sie Taschenlampen, Puppenwagen und Carrera-Rennbahnen reparieren, Schnucki & Co. versorgen oder Sammelkarten und andere Schätze an unzugänglichen Plätzen vor zerstörerischen Geschwisterkindern verstecken. Kinder nehmen unsere Hilfe jeden Tag in Anspruch, ohne schlechtes Gewissen und ohne auch nur einen Gedanken daran zu verschwenden, wie sie das jemals wiedergutmachen können.

Hilfe anzunehmen und Hilfestellungen zu geben bestimmen unser ganzes Leben. Wer alleine nicht weiterkommt, fragt Eltern, Geschwister, Freunde, Verwandte, Lehrer, Kommilitonen, Kollegen oder Nachbarn. Also, wo ist das Problem? Die sprichwörtliche Goldwaage ist das Problem. Denn die wird sofort ausgepackt und ihre Waagschalen werden beladen, sobald es darum geht, jemandem zu helfen. Hilfeleistungen sind immer verbunden mit Zeit oder Kraft oder Geld, also auf jeden Fall mit dem Einsatz von Energie von einer Person für eine andere. Anstatt zur Tat zu schreiten, überlegen wir daher zuerst: Will ich dieser Person helfen? Kann ich das überhaupt? Wenn ja, wie? Und: Hat mir dieser Mensch auch schon einmal geholfen beziehungsweise besteht die Aussicht, dass mein Einsatz an Energie auch wieder zu mir zurückkommt? Oder zumindest eine Form der Dankbarkeit, die mich ausreichend für meine geleistete Unterstützung belohnt? Und weil das mit dem Helfen so kompliziert ist, machen wir es uns natürlich auch schwer, um Hilfe zu bitten. Schließlich wissen wir genau, welche Umstände wir unserem „Retter in der Not“ bereiten, und fragen deshalb nur, wenn es sich um den letztmöglichen Ausweg handelt und wir darüber hinaus auch zuversichtlich sind, unsere Energieschuld wieder begleichen zu können. Und nur zur Erinnerung: das alles, obwohl wir nur mit der Hilfe anderer aufwachsen konnten.

Und weil das so absurd ist, versuchen Psychologen anhand ausgefeilter Experimente herauszufinden, welche Mechanismen uns Erwachsene dazu bewegen, anderen zu helfen oder eben nicht. Der Hirnforscher Gerald Hüther meint, dass wir grundsätzlich als „Helfer" auf die Welt kommen. Er beruft sich auf ein Experiment, das damit begann, dass sechs Monate alten Babys kurze Trickfilme gezeigt wurden. Im ersten Film sahen sie ein gelbes Männlein, das sich schnaufend und stolpernd einen steilen Berg hinaufkämpft. Im zweiten Film erhält das gelbe Männlein dann Hilfe von einem grünen Männlein. Im dritten steigt das gelbe Männlein zunächst mühsam den Hang hinauf, um dann kurz vor dem Gipfel von einem blauen Männlein hinuntergeschubst zu werden. Im Anschluss bekamen die Babys die farbigen Männlein aus den Filmen als kleine Spielfiguren angeboten. Wie Sie vielleicht wissen, wecken nur jene Dinge das Interesse von Babys, die ihnen gefallen. Und nun raten Sie einmal, von welcher Figur sie besonders entzückt waren? Ausnahmslos haben sich alle für den Unterstützer aus dem zweiten Film entschieden und nach dem grünen Männlein gegriffen. Der Neurobiologe zieht daraus das Fazit, dass kein Mensch bereits brutal, rücksichtslos und egozentrisch geboren wird.[11]

Würden Sie, statt dieses Buch zu lesen, einen Dokumentarfilm über Egoismus anschauen, würde jetzt der Klangteppich aus Harfen und lieblichen Geigen im Hintergrund mit einem lauten Quietschen gestoppt und statt süßen Babys Menschen gezeigt, die einander die Vorfahrt nehmen, sich gegenseitig umrennen und schubsen und die Omi mit der schweren Tasche oder den Hilfe suchenden Mann im Rollstuhl ignorieren. Und nachdem diese Bilder hektisch aneinandergeschnitten wurden, folgt: Stille! Und in diese Stille hinein frage ich Sie … Wie kommt das? Wie werden wir zu egoistischen Einzelkämpfern? Warum fällt es uns so schwer zu helfen und Hilfe anzunehmen, wenn es doch eigentlich unserer „wahren" Natur entspricht?

Die beiden amerikanischen Sozialpsychologen John Darley und Bibb Latané gehören zu den ersten Forschern, die das Phänomen Hilfsbereitschaft genauer untersucht haben. Auslöser war ein erschütternder Artikel, der im März 1964 in der *New York Times* erschien. Demnach soll die 28-jährige Kitty Genovese vor den Augen von 38 Nachbarn erstochen worden sein. Obwohl die junge Frau immer wieder um Hilfe rief, hatte keiner der Augenzeugen die Polizei gerufen. Die beiden Psychologen wollten nicht glauben, dass so viele böse Menschen in einer Straße wohnen sollen, und suchten nach Gründen für deren Passivität. So fanden sie schließlich heraus: Je mehr Menschen helfen könnten, desto seltener schreitet der Einzelne ein. Inzwischen bezeichnen Psychologen dieses Phänomen als „Verantwortungsdiffusion": Je mehr Menschen Zeuge einer Notsituation werden, desto weniger fühlt sich jeder Einzelne dafür verantwortlich und wartet stattdessen darauf, dass ein anderer hilft. Scheinbar teilt sich die Verantwortung unter den Anwesenden auf, bis sich niemand mehr zuständig fühlt.

Wenige Jahre später führte John Darley ein Experiment durch, um den Einfluss der äußeren Umstände noch genauer zu prüfen. Dabei zeigte sich, dass wir unter Zeitdruck weniger helfen. Von denen, die es eilig hatten, halfen gerade mal zehn Prozent. 63 Prozent halfen, wenn sie viel Zeit hatten. So kamen die Psychologen zu dem Ergebnis: Für die akute Hilfsbereitschaft ist die innere Einstellung weniger wichtig als äußere Faktoren. Natürlich ist die persönliche Hilfsbereitschaft wichtig, aber es gibt wohl keine typische Helferpersönlichkeit. Häufig entscheiden tatsächlich die Rahmenbedingungen einer Situation, ob jemand hilft oder nicht.[12]

Dazu gehört auch ein von Verhaltensforschern als Bystander-Effekt bezeichnetes Phänomen: Je mehr Augenzeugen sich zusammenfinden, desto eher neigen diese dazu, die Situation zu verharmlosen. Weil bisher niemand eingegriffen hat, wird kollektiv ein Notfall ausgeschlossen. Ähnlich funktioniert der Selbstberuhigungseffekt: Je harmloser eine Situation wirkt, desto weniger ausgeprägt ist das Helferverhalten. Jeder erwartet vom anderen, dass er in einem Notfall schon Hilfe leisten würde.

Nur wenige sind bereit zu helfen, wenn sie eine Situation nicht eindeutig einschätzen können. Unsere Angst zu versagen oder uns zu blamieren steht unserer Hilfsbereitschaft im Wege. In der Welt unserer Kinder stellt sich diese Frage nicht. Sie sehen Mama bügeln und wollen ihr dabei helfen. Der Müll ist voll und sie bieten an, ihn wegzubringen. Kaum kocht das Nudelwasser, drängelt sich der Nachwuchs an den Herd und will das Mittagessen zubereiten. Papa sagt, er möchte jetzt auch einmal getragen werden, und schon packt sein Sohnemann beherzt dessen Waden und versucht den dreimal so großen Mann auf seine kleinen Schultern zu hieven. Kinder überlegen nicht, ob sie für eine Aufgabe groß, stark oder schnell genug sind und machen sich erst recht keine Sorgen, sich zu blamieren. Sie handeln einfach, weil sie helfen und Teil der Gemeinschaft sein wollen und Spaß daran haben.

Während Sie vielleicht gerade überlegen, wie Sie sich demnächst Ihren Mitmenschen gegenüber verhalten, würde ich Ihnen gern noch ein weiteres Argument für das Helfen mit auf den Weg geben: Es ist nämlich gesund zu helfen! Das belegt eine Studie, die von vier amerikanischen Psychologen im September 2013 im *American Journal of Public Health* veröffentlicht wurde. Die Forscher hatten einen Zusammenhang zwischen Hilfsbereitschaft und der Sterblichkeit nach traumatischen Erlebnissen herausgefunden. Wie jeder Küchenpsychologe weiß, schadet Stress unserer Gesundheit und kann sogar lebensverkürzend wirken. Das Verhalten von knapp 900 Erwachsenen hat den vier Psychologen gezeigt, dass wir durchaus etwas dagegen tun können. Die Versuchspersonen hatten alle einen schweren Schicksalsschlag erlitten und waren emotional sehr gestresst. Einige von ihnen konzentrierten sich jedoch trotz ihrer Trauer auf das Wohlbefinden ihrer Mitmenschen und unterstützten sie mit guten Taten, Dadurch reduzierte sich automatisch ihr eigenes Stresslevel und sie hatten größere Chancen, ihren Schicksalsschlag zu überleben als jene, die sich ihren negativen Emotionen hingaben.[13]

***

Übrigens: Die Babys aus dem Experiment sahen die drei Filme mit den gelben, grünen und blauen Männlein ein halbes Jahr später noch einmal und durften danach wieder mit ihnen spielen. Und wissen Sie was? Plötzlich griffen einige der Kinder nach dem Schubser, dem blauen Männlein. Von wem hatten sie das in der Zwischenzeit gelernt? Gerald Hüther weiß, sie haben dieses Verhalten innerhalb ihrer Familie beobachtet. Offenbar gibt es bei jenen Kindern, die den Blauen inzwischen attraktiver finden als den Grünen, irgendeine nahestehende Person, der es gelungen ist, sich auf Kosten anderer durchzusetzen. Und auch das gehört scheinbar zu unserer „wahren" Natur: Wir richten uns nach denen, die erfolgreich sind.

Das Leben ist ein Nutellabrot – Nachschlag gefällig?

Helfen hilft, und zwar beiden Seiten. Demjenigen, dem geholfen wird, und auch dem Helfenden. Dem wahrscheinlich noch viel mehr. Egal ob Sie an so etwas wie Karma glauben oder nicht, gute Taten im Alltag helfen, den eigenen Stress zu vergessen. Sicher, Sie könnten auch ein Bad nehmen, sich eine Massage gönnen oder beim Sport entspannen. Sie können aber auch überlegen, was Ihnen Spaß macht und leicht von der Hand geht und wie Sie dies mit anderen Menschen teilen könnten. Niemand erwartet von Ihnen, dass Sie die Welt retten, kleine Aufmerksamkeiten reichen absolut. Sie kochen gern, lieben es, über den Markt zu schlendern, und fahren lieber mit dem Auto als mit dem Rad zur Arbeit? Was halten Sie davon, Freunde zu einem gemeinsamen Abendessen einzuladen, der Nachbarin etwas vom Markt mitzubringen oder eine Fahrgemeinschaft mit den Arbeitskollegen zu gründen? Das Glücksgefühl, anderen etwas Gutes zu tun, der Grund für das Strahlen in ihren Augen zu sein, ist eine Wohltat für die Seele. Probieren Sie es aus!

DREIKÄSEHOCHKOLLER!

„Du blöder kack-scheiß-kack-pups-blöder Hund mit Knochen!“
Albrecht, 7 Jahre, im Streit zu seiner kleinen Schwester Lea, 5 Jahre

Als meine Kinder noch kleiner waren, stand ich oft windschief in der U-Bahn: meine rechte Schulter wegen der vollgepackten XXL-Tasche tiefer als die linke, ein quengelndes Vorschulkind am zuckergussverschmierten Hosenbein und einen Säugling im Tragesystem, der langsam an mir festschwitzte. Eingekeilt zwischen genervten Feierabendpendlern konnte oder musste ich auf all die ignoranten Sitzenbleiber herabschauen. Und während ich mich fragte, warum keiner der zahlreichen Herren mit Aktenköfferchen auf die Idee kam, mir seinen Sitzplatz anzubieten, schluckte ich meine Wut herunter – wie immer.

Kinder sind da wesentlich emotionaler: Sei es die schmelzende Butter auf dem Toastbrot, die kratzende Mütze, die zwickende Strumpfhose, das lästige Zähneputzen oder Haarekämmen oder das zu frühe beziehungsweise zu späte Erscheinen von Mama oder Papa im Kindergarten – die Liste mit Dingen, die Kinder ausrasten lassen, ist länger als Rapunzels schöner Zopf. Zum Glück gilt das jedoch nicht nur für all die superdoofen, sondern auch die wunderschönen Momente. Sei es ein Schmetterling, seien es frische Pfützen, sei es Neuschnee oder eine Maus im Hinterhof – das Gefühlsbarometer von Kindern klettert in der Freude genauso hoch wie im Ärger.

***

Auch ich wurde als kleines Mädchen von Emotionen regelrecht durchgeschüttelt. So vieles ging mir zu Herzen. Die Welt war oft, sehr oft, unglaublich traurig und ungerecht. Meine Eltern hatten es damals nicht leicht mit mir und standen diesem Drama hilflos gegenüber. Schließlich sahen sie nur eine Chance und etablierten einen motivierenden Kalender in meinem Kinderzimmer, an dem die Tage, an denen ich es geschafft hatte, nicht zu weinen, mit einem roten Kreuz markiert wurden. Lange geschah nichts, doch hier und da kam etwas (rote) Farbe in mein trauriges Kinderleben. Meine Eltern verharrten geduldig und bald schon war der ganze Kalender ein Meer aus roten Kreuzchen. Ich habe nicht mehr geweint. Bis heute versuche ich, meine Gefühle möglichst für mich zu behalten. Ich bin ja schließlich erwachsen. Doch mit meinen Kindern kehrten die Tränenmeere in mein Leben zurück – und plötzlich fand ich den Anti-Tränen-Kalender meiner Kindertage ganz schrecklich. Natürlich ist es belastend, wenn Kinder weinen. Haben sie einen ernsthaften Grund, leiden Eltern Höllenqualen. Kullern die Tränen wegen Lappalien, ist es zum Schmunzeln. Schreien sie scheinbar grundlos, bis das Trommelfell knirscht, nur um Aufmerksamkeit zu bekommen, kann das ziemlich nerven. So oder so, es ist enorm hilfreich, wenn Kinder unmissverständlich und geradeheraus mitteilen, wie es in ihrem Inneren aussieht – was sie glücklich macht und was nicht, was sie ängstigt und was sie aufregt, was sie verwirrt und wovon sie träumen. So viele unterschiedliche Gefühle toben durch ihre kleinen Körper und wollen raus. Das führt natürlich zu lautstarken Diskussionen am Kleiderschrank, wüsten Szenen vor Süßigkeitenregalen oder in Spielzeugläden, lässt so manche Eltern am späten Nachmittag auf Spielplätzen verzweifeln oder stellt die Freundschaft zwischen zwei Müttern auf die Probe, wenn ihre Kinder sich gegenseitig ohrenbetäubend und ziemlich hässlich „Du bist ni-ie mehr mein Freund!" ins Gesicht schreien. Ja, in der Kinderwelt ist es meist schwarz oder weiß, gut oder böse, schön oder doof, superlustig oder weltschmerztraurig. Komischerweise ist das in unserer Erwachsenenwelt nicht viel anders. Die Liste mit Dingen, die mich zum Ausrasten bringen, ist vermutlich ähnlich lang wie die meiner Kinder. Wir Erwachsenen haben jedoch gelernt, unsere Gefühle „im Griff zu behalten". Wer sie zeigt, macht sich verletzbar und angreifbar ... Und wer will das schon?

Abgesehen von cholerischen Chefs oder ganz besonders unsympathischen Kollegen, die glauben, der Lauteste habe immer recht, lassen wir Erwachsenen unsere Umwelt lieber im Dunkeln tappen, wenn es um unsere Gefühle geht. Es scheint, als wären wir alle mit einem großen Herzen und unglaublich vielen Empfindungen auf die Welt gekommen. Aber mit jeder Enttäuschung, mit jeder schmerzlichen Erfahrung vergänglichen Glücks und jedem verletzten Gefühl schrumpft unser Herz immer mehr zusammen. Den kleinen Rest, der dann noch bleibt, sperren wir fortan hinter eine hohe Mauer, die uns vor weiteren Verletzungen schützen soll.

In seinem Buch *Intelligente Zellen* beschreibt der Biologe Bruce H. Lipton sehr anschaulich die Funktion von Schutzmechanismen in unserem Körper. Sie gehören neben Wachstumsmechanismen zu den wichtigsten Verhaltensweisen, die ein Organismus zum Überleben braucht. Der Schutz vor Gefahren ist für unser Überleben also mindestens genauso wichtig wie das Wachstum. Täglich nutzen sich in unserem

Körper Milliarden Zellen ab. Um diese Zellen zu erneuern, braucht der Körper eine gewisse Menge an Energie. Verwenden wir nun all unsere Energie auf den Schutz, haben wir keine Kapazitäten mehr für das Wachstum. Die Produktion lebenserhaltender Energie gerät also ins Stocken, solange der Organismus vor einer erwarteten Gefahr abgeschottet wird.[14] Woran denken Sie zum Beispiel, wenn Ihr eben noch vergnügt schaukelndes Kind plötzlich kopfüber in den Sand fällt? Oder wenn Sie vollbepackt mit Kind und Kegel auf der Treppe stolpern? In diesen Schrecksekunden denken wir nichts! Wir verlassen uns auf unsere Reflexe und unsere Intuition. Alles andere läuft dann auf Sparflamme. So funktioniert auch unser Organismus: Alle 72 Stunden wird zum Beispiel die gesamte zelluläre Innenoberfläche unseres Darms ausgetauscht. Die dafür notwendige Energie steht unserem Körper nur zur Verfügung, wenn er nicht ständig damit beschäftigt ist, Schutzfunktionen aufrechtzuerhalten. Werden diese Wachstumsmechanismen dauerhaft eingeschränkt, hat dies gravierende Auswirkungen. Denn im Darm befindet sich ein Großteil unseres Immunsystems. Kann sich die Darmoberfläche nicht erneuern, schwindet daher auch die Kraft unseres Immunsystems. Langfristig fehlt es uns dann an Vitalität. Zahlreiche unserer körperlichen Beschwerden entstehen auf diese Weise.

***

Wir alle kennen Sätze wie:

„Er hat mir das Herz gebrochen."
„Ich mach mich krumm für die Firma."
„Das schlägt mir auf den Magen."
„Darüber zerbreche ich mir den Kopf."
„Davon will ich nichts mehr hören."

Wie sehr sich unsere Psyche auch in unserem körperlichen Wohlbefinden wiederspiegelt, ist längst wissenschaftlich belegt. Denn immer mehr Studien zeigen: Würden wir uns zu unseren Gefühlen bekennen und uns trauen, ihnen nachzuspüren, würden schlechte Erfahrungen, Ängste und Sorgen nicht unseren Organismus blockieren. Leider sind wir Erwachsenen nicht wirklich gut im Fühlen und wissen unsere Gefühle meist auch nicht richtig einzuordnen. Wir hinterfragen sie so gut wie nie. Nur die wenigsten trauen ihnen über den Weg. „Ich fühle …", „Ich glaube …" ist nicht so fundiert wie „Ich weiß …". Dabei führt uns das Gefühl zu dem Wissen, das im Verborgenen bleibt. Unsere Träume und unser Unterbewusstsein greifen ein, wenn wir wieder einmal unsere Gefühle ignorieren. Warum ist mir gerade so flau im Magen? Warum bin ich so aufgeregt? Wieso fühle ich mich so traurig?

Kinder sind noch nicht so verkopft und gefühlstechnisch ganz und gar bei sich. Sie verschwenden keine Energie auf ihre Schutzmechanismen, sondern streben nach größtmöglichem Wachstum und Vitalität. Etwas, das ich sehr gern von ihnen übernehme. Großstädtische Coolness mag mir zwar für einen Augenblick das Gefühl geben, das Gesicht zu wahren, langfristig hemmt es allerdings die Entfaltung meiner Lebenskraft. Im Grunde meines Herzens fände ich die Vorstellung ja auch sehr verlockend, den selbstgefällig dasitzenden Mann im Anzug anzusprechen, ob er seine Manieren zusammen mit den Hemden in der Reinigung abgegeben habe. Befreiend wäre das, und einen Sitzplatz hätte ich vermutlich auch.

Das Leben ist ein Nutellabrot – Nachschlag gefällig?

Was wäre das Leben ohne Gefühle? Eigentlich lechzen wir doch alle nach den großen Emotionen à la Hollywood. Vor allem nach der romantischen Liebe und dem persönlichen Triumph sehnen wir uns. Aber nur die wenigsten trauen sich, ihre Gefühle auch wirklich auszuleben. Lieber sind wir vorsichtig, und meistens lenken wir uns von unserer Innenwelt ab: mit Essen und Trinken, Fernsehen und Internet, Smartphones und Büchern – Hauptsache, wir müssen nicht so genau spüren, was in uns ist. Doch was haben Sie zu verlieren, wenn Sie Ihren Gefühlen freien Lauf lassen? Vielleicht gibt es ja auch jemanden, dem Sie sich zeigen möchten – warum auch nicht? Eigentlich können Sie doch nur gewinnen.

Egal ob es um privates Glück oder beruflichen Erfolg geht: Würzen Sie Ihr Leben mit einer ordentlichen Prise Gefühl – für sich selbst und für andere. Anstatt Mauern zu errichten und Ihre Gefühle dahinter zu verstecken, genießen Sie die Höhen in vollen Zügen und versuchen Sie, aus den tiefen Tälern zu lernen. Lieben Sie! Lachen Sie! Leiden und weinen Sie! Leben Sie! Es ist nicht immer alles wunderschön, aber dafür ist auch nicht immer alles unendlich traurig. Der erste Schritt ist denkbar einfach: Schenken Sie Ihren Gefühlen wieder etwas mehr Beachtung. Wie ein goldener Kompass zeigen sie zuverlässig die Richtung zu dem, was uns wirklich am Herzen liegt – der sichere Weg zu Glück und Erfolg. „Emotionale Intelligenz“ beschreibt die Fähigkeit, eigene und fremde Gefühle wahrzunehmen, zu verstehen und richtig damit umzugehen. Verschiedene Untersuchungen ergaben, wie wichtig ebenjene emotionale Intelligenz für ein erfolgreiches Leben ist. Nur 20 Prozent unseres Erfolges lassen sich demnach unseren intellektuellen Fähigkeiten zuschreiben![15] Und, was machen Sie mit den restlichen 80 Prozent?

UND DU SO?

„Ich bin nicht schwarz, ich bin braun. Du bist schwarz."
Maya, 4 Jahre, im Zwiegespräch mit ihrem dunkelhäutigen Vater

Alle Menschen sind gleich. Sind alle Menschen gleich? Für Kleinkinder schon. Oder noch, müsste es eigentlich heißen. Denn auf ihrem Weg zum Erwachsenwerden machen sie ihre Erfahrungen mit anderen Menschen, sammeln diese, ordnen sie unterbewusst bereits gemachten Erfahrungen zu und werden schließlich wie wir: Menschen mit Vorurteilen. Jeder von uns hat Vorurteile. Sie sind eine zutiefst menschliche Eigenschaft und fest in unserem Gehirn verankert. Ich wage zu behaupten, dass es schier unmöglich ist, sie ganz loszuwerden, egal wie cool, gebildet oder weltoffen wir sind. Doch wie viel haben Vorurteile mit der Realität zu tun? Sind sie immer vollkommen falsch oder steckt in ihnen doch ein Funken Wahrheit? Und wie gehen wir mit unseren Vorurteilen um?

Martin Korte, Hirnforscher an der TU Braunschweig, sagt, dass Vorurteile Übergeneralisierungen unseres Gehirns seien.[16] Dieses macht also nichts anderes, als all die Informationen, die wir wahrnehmen, zu vereinfachen und zu verallgemeinern. Und warum? Um Energie zu sparen. Je schneller wir unser Umfeld einordnen können, desto mehr

Kapazitäten bleiben für andere Denkvorgänge. Das ist sehr hilfreich, wenn es darum geht, schnell auf Gefahren zu reagieren.

Allerdings führen unsere Vorurteile auch oft zu Fehlurteilen. Eine Verkäuferin, die ihre Kunden in Sekundenschnelle einschätzen muss, um sie dann zu den teuren oder billigen Produkten zu lotsen, kann ganz schön danebenliegen, wie das Beispiel von Oprah Winfrey zeigt. Die wohlhabende Medienfrau interessierte sich in einer Edelboutique in der Zürcher Bahnhofstraße für eine Handtasche. Die Verkäuferin wollte das teure Stück jedoch nicht aus dem Regal nehmen, mit der Begründung, die Kundin könne sich diese Tasche ohnehin nicht leisten.

Unser Gedächtnis sammelt, was wir lernen und erleben, und baut sich daraus kleine Schablonen mit Vorurteilen. In Sachen Wahrheit ist es dabei nicht so pingelig, viel wichtiger sind Häufigkeit und Intensität des Erlebten. Sind die Vorurteile erst einmal verinnerlicht, werden wir sie nur schwer wieder los. Sie übernehmen die Kontrolle über unsere Informationsverarbeitung und bestätigen sich so immer wieder selbst. Was mit unseren Vorstellungen zusammenpasst, sehen wir schneller, gewichten wir stärker, glauben wir eher und setzen es automatisch in konkrete Handlungsanweisungen um. Vor allem in Notsituationen, wenn wir Angst haben oder gestresst sind, verfallen wir der Klarheit und stabilisierenden Wirkung von Vorurteilen. Leider versagt unsere realistische Wahrnehmung auch in ganz alltäglichen Situationen. Und dann stecken wir Menschen in unsere gedanklichen Schubladen und merken gar nicht, dass wir dabei die großartige Chance verpassen, sie so kennenzulernen, wie sie wirklich sind. Oder, wie das Beispiel zeigte, dass die unscheinbare farbige Frau vor uns eine der reichsten und einflussreichsten Menschen weltweit ist.

Die Welt unserer Kinder dreht sich zunächst nur um sie selbst. Mit ihrem Ich-Bild formt sich zunehmend auch ein Verständnis für „die anderen". Später entwickeln sie Gruppenzugehörigkeiten, also „meine Freunde und die doofen anderen", „meine Familie und Fremde", „Kinder und Erwachsene", „Mädchen und Jungen", „Gewinner und Verlierer", „alt und jung", „groß und klein" und „dick und dünn"; vielleicht noch „schnell und langsam" und „stark und schwach", aber ich glaube, dann ist wirklich Schluss.

***

So, und nun zählen Sie doch bitte einmal Ihre Schubladen mit Vorurteilen durch! Da gibt es die Dummen und die Schlauen, die Verheirateten, die Geschiedenen und die Singles, die Armen und die Reichen, die Schönen und die Hässlichen, die Handwerker und die Akademiker, die Schwarzen und die Weißen und die Roten und die Gelben, die Deutschen und die Ausländer, die Christen und die Juden, die Moslems und die Buddhisten, die Ossis und die Wessis, die Angeber und die Bescheidenen, die Schwätzer und die, die zupacken, die Gauner und die Ehrlichen, die Loser und die Gewinner, die Kaffee- und die Teetrinker, die Tierliebhaber und die Tierhasser, die Blondinen und die Brünetten, die Auto- und die Radfahrer, die Warmduscher und die wirklich Coolen, die Outdoorfreaks und die Stubenhocker, die Sportler und die Couch-Potatoes, die Langweiler und die Abenteurer, die Vegetarier, die Veganer und die Fleischesser, die Pragmatiker und die Esoteriker, die Nachteulen und die Frühaufsteher, die Raucher und die Nichtraucher … Ganze Länder und Landesteile passen in unsere Schubladen. Ich sage nur Mallorca, Italien, Schweiz. Und Ihre ersten Assoziationen sind sicherlich: Ballermann und Sangría, Pasta und Pizza, Schokolade und Bankkonten. Stimmt's? Mit solchen Listen würde sich vermutlich das ganze Buch füllen lassen, aber verstehen Sie nun, was ich meine?

Während meines Studiums habe ich in einer Berliner Fernsehredaktion gearbeitet, die täglich eine 30-minütige Talksendung mit einem prominenten Gast produzierte. Die Redaktion bestand aus weltoffenen, freundlich-liebenswerten Akademikern, die sich in ihrer Berichterstattung immer um Objektivität bemühten. Das ist in der Praxis allerdings fast gar nicht möglich. Denn schon die Auswahl der Talkgäste gibt der Sendung eine subjektive Färbung. Sie beruht auf dem Erfahrungsschatz der Redakteure, also: Wer hat wo schon einmal etwas zu dem geplanten Thema gesagt oder veröffentlicht beziehungsweise wen verbindet der Zuschauer damit? Anstatt bestehende Klischees zu durchbrechen, werden sie auch in den Medien genutzt, um Inhalte kurz, knapp und leicht verständlich zu veranschaulichen. Es wird generalisiert, von Objektivität keine Spur. Aber bevor Sie jetzt entrüstet den Kopf schütteln: Stellen Sie sich vor, Sie würden eine solche Sendung planen. Wen würden Sie zu den Themen Bergsteigen, dumm, aber reich oder Frühjahrsdiät einladen? Ich bin mir sicher, dass Sie zu jedem der drei Schlagworte im Moment des Lesens bereits einen Promi im Kopf hatten. Oder? Und vermutlich waren es genau die gleichen, an die ich auch gedacht habe.

Egal ob bei unserem Medienkonsum oder in Alltagssituationen, unterbewusst bewerten, stigmatisieren und analysieren wir unser Gegenüber und knüpfen daran automatisch Erwartungen, die wir nicht mehr hinterfragen. Wer fasst wohl fundierter das politische Zeitgeschehen zusammen? Ein 23-jähriger Kfz-Lehrling oder ein 65-jähriger Politiker? Von wem wollen Sie Beauty- oder Haushaltstipps? Von einer Frau oder einem Mann? Und von wem Hilfe mit dem PC oder Auto? All das ist Kindern zunächst noch egal, für sie zählt nur der Mensch. Name, Alter, Religion, soziale Schichtzugehörigkeit – alles unwichtig. Und damit wirken unsere Kinder im Umgang mit Erwachsenen vielleicht manchmal etwas respektlos, zeigen jedoch ganz selbstverständlich so etwas wie Diversity-Kompetenz. Eine wichtige Schlüsselqualifikation, die uns hilft, im Alltag wie im Berufsleben mit der Unterschiedlichkeit von Menschen und Lebenskonzepten umzugehen.

Fragen Sie sich doch einmal selbst: Was verbinde ich mit der ethnischen Herkunft oder Hautfarbe von Menschen? Welche Bilder und Vorurteile habe ich in diesem Zusammenhang? Welche Rolle spielen diese Bilder in meinem Lebens- oder Arbeitsbereich und welche gesellschaftlichen Auswirkungen haben sie? Und dann fragen Sie einmal ein Kind!

Das Leben ist ein Nutellabrot – Nachschlag gefällig?

Auch Kinder bewerten, analysieren und beurteilen. Ab einem Alter von zwei Jahren beginnen sie Unterschiede zwischen sich und ihrer Umwelt wahrzunehmen: Warum hast du andere Haare als ich? Eine andere Haut? Je älter sie werden, desto mehr hinterfragen sie auch: Wieso hast du keinen Papa? Ist das deine Oma oder deine Mama? Und sie werden immer anfälliger für Stereotypen, die sie von uns Erwachsenen übernehmen. Das setzt sich so fort bis zu einem Alter von sieben Jahren. In dieser Zeit befindet sich das Gehirn in der sogenannten Theta-Frequenz, wodurch

Kinder sehr empfänglich und formbar für Urteile, Glaubenssätze und Ansichten von Erwachsenen sind. So „programmiert“ sich quasi jeder von uns in der Kindheit für alles, was später im Leben kommt. Das heißt nicht, dass diese „Programmierung“ in Stein gemeißelt ist. Doch um sie zu verändern, muss sie erst einmal enttarnt werden.

In der Welt von Kleinkindern geht es zunächst noch ganz harmlos zu. So sehen Indianer aus, so Chinesen, Afrikaner und Eskimos und so waren die Römer und so die Gallier. Trotzdem sollten wir feinfühlig für Vorurteile und Klischees bleiben, denn schwuppdiwupp kommen vielleicht auch Äußerungen wie „So benimmt sich ein Mädchen und so ein Junge“. Meine vierjährige Tochter fragte mich neulich, ob ich mich denn auch mit „Jungs-Farben“ auskenne. Sie mag nämlich Pink und Lila, aber auch Grün und Hellblau, das wären aber doch Jungs-Farben.

Ob Werbung, Medien, Trickfilme – überall finden wir vereinfachte Darstellungen, Schwarz-Weiß-Malerei, Vorurteile und Schubladendenken. Kinder nehmen diese vorgefertigten Bilder ernst und wir sollten das auch tun. Ganz nach dem Credo des Anti-Bias-Ansatzes, der in den USA und Südafrika im Kampf gegen Rassismus entstand: nicht vorurteilsfrei, sondern vorurteilsbewusst handeln. Dabei geht es nicht um das, was wir Erwachsenen häufig Toleranz nennen, was aber eigentlich eher ein Kopf-in-den-Sand-Stecken ist oder politisch korrektes Wegschauen, sondern um die Akzeptanz menschlicher Vielfalt und die Empathie füreinander. Zu wissen, wer man ist und welcher Gruppe man sich zugehörig fühlt, ist das eine. Gleichheit entsteht jedoch im Herzen, immer dann, wenn wir uns und andere so akzeptieren, wie wir sind, und uns nicht aufgrund unserer Unterschiede einander über- oder unterlegen fühlen. Bemitleiden wir geistig Behinderte, ohne zu wissen, wie es ihnen wirklich geht? Nehmen wir an, dass Dunkelhäutige anders denken als wir? Statt in Schuldgefühlen zu verharren, kann sich jeder seiner Bilder im Kopf bewusst werden, daraus lernen und versuchen, sich nicht von ihnen (ver)leiten zu lassen.

ZAUBERHAFTES WUNDER-LAND

„Der Laster hat gerade gehustet!“, wundert sich Flora, 3, als ein schwerer Lkw vorbeirumpelt.

Wann haben Sie das letzte Mal genüsslich in die rote Seite des Apfels gebissen und überlegt, ob das lebensbedrohliche Konsequenzen haben könnte? Einem Frosch ganz tief in die Augen geblickt? Sich mit dem hellsten Stern am Himmel unterhalten? Oder versucht herauszufinden, wo sich Hase und Fuchs „Gute Nacht“ sagen und wie man ans Ende des Regenbogens kommt?

Meine traurige Bilanz lautet: vor 25 Jahren. Aber wie sich das angefühlt hat, damals als Kind, als die Wolken noch wie Tiere aussahen, Gespenster im Kleiderschrank wohnten und winzige Wassermänner im Abflussrohr, das weiß ich noch ganz genau. So wie mein kleiner Erstleser, der in seinem Schulheft nicht weiß, ob er auf die Frage „Leben im Wald Zwerge?“ mit „Ja“ oder „Nein“ antworten soll. Er kann sich das wirklich vorstellen – und ich bin so froh darüber. Und wenn die Lehrerin „Nein“ ankreuzt, dann soll sie das erst einmal beweisen! Mit Kindern werden längst vergessene Fantasien wieder lebendig und würzen unseren vernünftigen Erwachsenenalltag.

Die meisten Kinder verschwinden am liebsten in der breiten Masse und streben nach größtmöglicher Konformität. Bloß nicht auffallen. Doch von diesem sicheren Posten werden sie wie die Bienen vom Duft der Blumen von allem angezogen, was anders ist und was sie nicht kennen. Je weniger die Personen und Szenarien mit ihrem Alltag zu tun haben, umso intensiver setzen sie sich damit auseinander und füttern ihre Fantasie. Alles ist möglich: sprechende Autos, lebendiges Spielzeug, Ritter, Drachen, Piraten, Schutzengel, Zahnfeen ...

Eine wunderbare bunte Welt, in der Träume wahr werden und das Gute am Ende immer siegt. Eigentlich genau das, was auch uns Erwachsene fasziniert. Da unser Erfahrungshorizont jedoch schon ganz schön viel Mist erlebt hat, ist unsere Fantasie dabei irgendwie auf der Strecke geblieben. Wer sich seine Kreativität und einen kindlichen Blick auf die Welt erhalten hat, verdient entweder als Künstler sein Geld damit oder wird als „komischer Kauz" belächelt. Allen anderen ist die Kreativität und der Glaube an Wunder irgendwo zwischen erstem Liebeskummer, Ernst des Lebens und Alltagstrott verloren gegangen. Nur zu Weihnachten, wenn Aschenbrödel wieder die drei verzauberten Haselnüsse geschenkt bekommt und der Weihnachtsmann vor der Tür steht, erlauben wir uns die eine oder andere waghalsige Träumerei. Dabei ist es doch so schön zu träumen und zu wünschen und zu fantasieren. So wie es unseren Kindern hilft, ihre Persönlichkeit zu entwickeln, können auch wir Erwachsene Zuflucht und Hoffnung darin finden. Pflichten, Verantwortung, wichtige Aufgaben haben wir in unserem Alltag mehr als genug. Wie schön wäre es manchmal, wie Alice im Wunderland aus einer kleinen Flasche zu trinken und als Winzling durch eine kleine Hintertür zu fliehen? Oder wie Dr. Dolittle die Sprache der Tiere zu verstehen? Und selbstverständlich hätte ich auch nichts gegen einen hilfsbereiten Geist in einer kleinen, hübschen Öllampe. Egal ob als Ablenkung vom Alltag oder als handfeste Zukunftsfantasie, eine befreiende Wirkung hat beides. Vor allem schwierige Lebenslagen lassen sich mit einem selbst erschaffenen inneren Reich voller Glück und Geborgenheit wesentlich leichter meistern.

***

Sich in die Fantasie und Kreativität zurückziehen zu können bietet Schutz und spendet neue Kraft. So wie Liebeslieder und -filme, die unsere gebrochenen Herzen heilen und uns weiterhin auf den perfekten Partner hoffen lassen. Das ist alles andere als naiv und erst recht keine lebensfremde Träumerei, sondern produktives Ankurbeln der Selbstheilungskräfte. All das beruhigt unser Herz, im wahrsten Sinne des Wortes, denn es wirkt sich positiv auf unseren gesamten Körper aus und hilft so, eine natürliche Vitalität wiederzuerlangen. Herzkohärenz nennt sich dieser Zustand, der sich auch durch gezielte Übungen trainieren lässt. Wir empfinden uns in Balance, ausgeglichen, im „Flow" – glücklich. Alles, was uns in diesen Zustand versetzt, lässt auch unser Herz friedlich und gleichmäßig schlagen und gibt damit den Ton an für unsere körperliche und geistige Gesundheit.

So, wie wir nachts in unseren Träumen parallele Welten erschaffen, so sind wir auch im „echten" Leben in der Lage, die Wirklichkeit zu gestalten. Mit unseren Gedanken und Gefühlen erschaffen wir uns die Welt. Auch wenn sich das für Sie jetzt vielleicht sehr esoterisch anhört, Leistungssportler machen auf ihrem Weg zum Siegertreppchen auch nichts anderes. Das heißt dann zwar nicht träumen, sondern visualisieren. Und da geht es auch nicht um die Liebe, den Job oder das zukünftige Heim, sondern um den Ball im Tor, den perfekten Sprung vom Zehnmeterturm, die Formel-eins-Strecke mit all ihren Kurven und Schwierigkeiten. Wer daran denkt zu versagen, hat schon verloren. Also konzentrieren sich Gewinner auf den Sieg. Probieren Sie es doch einfach einmal aus. Die nächste Hürde kommt bestimmt. Statt zu verzweifeln, stellen Sie sich einfach vor, sie zu überwinden, ihr Ziel zu erreichen. Nutzen Sie ruhig die gesamte Palette Ihrer Fantasie, um Ihr Bild zu gestalten, und schauen Sie dann, wie es sich anfühlt. Gönnen Sie sich einen Moment der Freude und schöpfen Sie Kraft daraus. Ihr Unterbewusstsein wird Ihnen helfen, das Bild aus Ihrem Kopf in die Realität umzusetzen. Was gibt es überzeugenderes als olympisches Gold?

***

Unkonventionelle, vielleicht auch verrückte Ideen und Fantasien haben keine Altersbeschränkung, doch sie werden von den meisten Menschen als nutzloser Kinderkram und Zeitverschwendung abgetan und sind nichts, womit sich ein Erwachsener beschäftigt.

Kreativität entsteht bei uns Erwachsenen nicht wie bei Kindern aus dem Verlangen, lustige, wilde und möglichst unrealistische Ideen auszuleben, sondern eher aus einer Not heraus. Entweder weil wir ein Ventil für unseren Weltschmerz benötigen oder aufgrund eines materiellen Mangels, denn dann wird aus dem Kinderkram notwendiger Fortschritt. Ununterbrochener Internetzugang ist in unseren Breitengraden eine Selbstverständlichkeit. Doch in vielen Teilen der Welt ist die Infrastruktur löchrig oder der Strom fällt regelmäßig aus, was das Arbeiten im Internet extrem erschwert. Das Team um Juliana Rotich aus Kenia suchte nach einer schnellen und effektiven Lösung und erfand „BRCK".[17] Was aussieht wie ein Ziegelstein, ist eine Art kleiner, robuster

Notstromgenerator für das Internet mit ausreichend Power für ein Back-up. Damit ermöglicht die Informatikerin auch Menschen in entlegenen Gebieten zuverlässigen Zugang zu Informationen und Kommunikation und hilft dadurch, Träume zu verwirklichen.

Als vor 20 Jahren Captain Jean-Luc Picard auf der Brücke des Raumschiffs Enterprise wichtige Informationen auf einem Tablet-Computer präsentiert bekam, war das für die meisten Zuschauer wilde Fiktion. Inzwischen ist genau das Realität in vielen Haushalten. Oder Carl Djerassi, der sich selbst als die „Mutter der Pille" bezeichnet und den die Art und Weise unserer Fortpflanzung auch mit inzwischen 90 Jahren noch beschäftigt. Auf einer Digital-Life-Design-Konferenz in München berichtete er den staunenden Zuhörern von seiner Vision der Fortpflanzung in der Zukunft. Seit Frauen in den 1960er-Jahren die Pille nehmen, könnten sie selbst entscheiden, wann und von wem sie wie viel Nachwuchs bekommen. Doch was wäre, wenn diese Freiheit noch bis ins fortgeschrittene Alter der Frauen anhalten würde? In Djerassis Zukunftsvision lassen Frauen in jungen Jahren ihre Eizellen einfrieren und können so länger Kinder bekommen, von wem sie wollen, auch ganz ohne Geschlechtsverkehr.[18] Eine unglaubliche Möglichkeit. Gruselig und großartig zugleich, oder?

Fakt ist: Kreativität ist ein wesentlicher Teil von uns. Wir alle sind in der Lage, die unglaublichsten Ideen zu entwickeln, zu tüfteln und zu basteln, zu schreiben, zu malen, zu inszenieren – alles ist möglich.

Ideen hören sich nur so lange unmöglich an, bis jemand den Mut, die Ausdauer und Courage besitzt, sie zu verwirklichen. Schauen wir zurück. Wer hätte gedacht, dass die Menschheit in der Lage sein könnte, 830 Meter hohe Bauwerke zu errichten, 1200 PS schnelle Autos zu bauen, in wenigen Stunden die Erde zu umrunden, zum Mond zu fliegen, Daten via Internet zu verschicken, anhand winzig kleiner Kameras das Innere unseres Körpers zu erkunden, einen Farbigen als amerikanischen Präsidenten zu wählen? Noch vor hundert Jahren hätten alle gesagt: Unmöglich! Nein, das ist es eben nicht. Weil es Menschen gab, die sich getraut haben, über den Tellerrand zu schauen, statt nach schnell konsumierbaren Lösungen. Dabei macht es so viel Spaß, beweglich zu bleiben. Für Kinder kann eine rollende Orange das schönste Weihnachtsgeschenk sein. Aus den immer gleichen zehn Legobausteinen wird heute eine Brücke, morgen ein Turm und übermorgen ein Auto. Wenn sie einen Umhang brauchen, eine Höhle oder eine Picknickdecke, reicht ihnen ein und dasselbe große Tuch. Doch auch wir Erwachsenen sind lernfähig. Die zahlreichen Do-it-yourself-Blogs zeigen, dass man weder ein genialer Erfinder noch ein Designer sein muss, um Praktisches zu erschaffen und Schönes zu gestalten. Es ist nicht nur preisgünstig, sondern macht auch noch richtig viel Spaß und unterstreicht die Individualität. Mein aktuelles Highlight ist unsere „neue" Gardine im Badezimmer. So weiß war sie mir langweilig geworden. Ich fand jedoch keinen zufriedenstellenden Ersatz. Dafür aber die Textilmalstifte meiner Kinder. Nun haben wir ein anderthalb mal drei Meter großes Gemälde mit Fernsehturm, Flugzeug, Wiese, Blümchen, Hochhäusern, Sonne und lachenden Wolken. Viel besser als jedes Industriedesign von der Stange!

Das Leben ist ein Nutellabrot – Nachschlag gefällig?

Viele Menschen behaupten von sich, nicht kreativ zu sein. Dabei sind wir im Vergleich zu unseren Kindern einfach nur unglaublich langweilig und artig. In unserer Gesellschaft legen wir großen Wert auf Rationales und Logisches, wofür wir die linke Gehirnhälfte nutzen. Kreativität aber entsteht in unserer rechten Gehirnhälfte, die bei den meisten nur wenig aktiv ist. Was nicht geübt wird, fällt uns natürlich schwer. Doch wer denken kann, kann auch kreativ sein. Vielleicht ist nicht jeder von uns unbedingt der nächste Steve Jobs, Charlie Chaplin oder Picasso, aber Kreativität bedeutet nicht nur Neues, noch nie Dagewesenes zu schaffen, sondern auch, Bestehendes zu verbessern. Lösungen zu finden, Alternativen aufzuzeigen, querzudenken – sei es bei der Urlaubsplanung, in Liebesfragen, in der Küche oder im Job. Statt unsere Kreativität auszuleben, bewerten wir jedoch, noch bevor wir unsere Ideen überhaupt aussprechen. Und so landen die meisten auf dem Ideenfriedhof – sie werden runtergeschluckt. Statt uns Zeit zu nehmen, um unsere Gedanken schweifen zu lassen, statt zu staunen und zu träumen, hetzen wir durch unser Leben, um möglichst effektiv und effizient zu arbeiten. Doch gute Ideen brauchen, wie die Saat eines Bauern, Zeit zu reifen. Lassen Sie sich von Edward de Bono, einem der führenden Lehrer für kreatives Denken, ermutigen. Er glaubt fest daran, dass Kreativität eine Fähigkeit ist, die erlernt werden kann. Wir müssen uns lediglich darum bemühen und üben, üben, üben.

Liebe
ZACK
VON MIR

LIEBEN – BIS ZUM MOND UND ZURÜCK

„Gut, dann heirate ich dich eben morgen!“
Cosmo, 7, reagiert auf den „Korb“ seiner Mama. Er würde sie gerne heiraten, doch sie lehnt ab und begründet es mit den anstrengenden Auseinandersetzungen, die den Tag der beiden dominierten.

Eigentlich geht es doch immer nur um die Liebe, oder? In Filmen, in Büchern, in Liedern, in Horoskopen, in durchzechten Nächten … Die Liebe zu einem Partner, zu den Kindern, zur Familie, Freunden, Beruf, Hobby, besonderen Plätzen ist in unseren Köpfen *das* beherrschende Thema. Kinder lieben bedingungslos und von ganzem Herzen. Diese Erkenntnis traf mich wie ein Schlag an einer roten Ampel in Berlin-Friedrichshain. Ich war mit meinem damals acht Monate alten Sohn spazieren. Er saß im Buggy und blickte mich direkt an, während wir auf die nächste Grünphase warteten. In seinen Augen lag unendlich viel Liebe. Noch nie zuvor hatte mich jemand so angesehen. Da war kein Zögern, kein Zweifeln oder Misstrauen, nur Liebe – vorbehaltlos und ohne Erwartung. Mama, Liebe, Punkt. Mit seinen acht Monaten hatte es mein Sohnemann natürlich auch leicht. Jeden Tag wurde er mit Liebkosungen und Zuneigung überschüttet. Keine schlechte Erfahrung gab ihm bisher Anlass zu Misstrauen. Keine unerwiderte Liebe zeigte ihm, wie selten dieses Gefühl auf Gegenseitigkeit beruht. Niemand hatte bislang seine Gefühle ausgenutzt oder enttäuscht und so musste er auch keine negativen Erfahrungen unterdrücken. Gerald Hüther, Professor für Neurobiologie, führt in seinem Buch *Jedes Kind ist hochbegabt* die vorbehaltlose Hingabe von Kindern auf einen Mangel an schlechten Erfahrungen zurück. Sie hätten in ihrem Gehirn einfach noch keine Vorurteile abgespeichert. Doch das ist nur eine Frage der Zeit, weshalb es einem Erwachsenen nicht mehr möglich sei, sich derart ohne Vorbehalte hinzugeben wie ein Baby.[19] Nie wieder? Na super, dann wird das jetzt wohl ein kurzes Kapitel. Nein, wird es nicht! Wir können unsere schlechten Erfahrungen, gebrochenen Herzen und enttäuschten Beziehungen nicht ausradieren, aber wir können aus ihnen lernen. Und warum nicht unsere Kinder als Vorbild nehmen? Gerald Hüther schreibt nämlich auch, dass Kinder einfach davon ausgingen, so, wie sie seien, „richtig" und liebenswert zu sein.[20] Und da sind wir auch schon beim Thema! Denn Kinder finden sich selbst spitze und es kommt ihnen gar nicht in den Sinn, dass irgendjemand anderer Meinung sein könnte. Im Gegensatz dazu finden sich die meisten von uns Erwachsenen „ganz okay" – an manchen Tagen mehr, an anderen weniger. Unser Selbstbild ist jedoch definitiv weit entfernt von „spitze". Und leider ist es oft auch ein ganzes Stück weit entfernt von der Realität.

Zumindest wir Frauen neigen zu einer chronisch überkritischen Selbstwahrnehmung. Egal ob im Supermarkt, am Strand oder in der Bar, immer gibt es eine, die schöner und aufregender scheint, als wir selbst es sind. Traumfrauen sind stets die anderen. Und genauso sehr wie wir immer wieder an uns zweifeln, so sehr hinterfragen wir auch das Interesse und die Zuneigung, die andere uns entgegenbringen. Kinder fragen sich nicht, ob sie schön genug sind oder schlau oder interessant oder reich oder begabt oder erfolgreich oder sportlich oder sozialkompetent. Sie sind sie selbst und entweder mag das jemand oder eben nicht. Wobei Letzteres für Kinder gar nicht in Betracht kommt. Wieso sollte sie auch jemand nicht gern haben?

Hand aufs Herz: Wann haben Sie das letzte Mal so von sich gedacht? Wir Erwachsenen stellen uns die umgekehrte Frage: Wieso sollte mich jemand gern haben? Warum ausgerechnet mich? Und was kann ich an mir ändern, damit ich geliebt werde? Stets zu versuchen, ein besserer Mensch zu sein, ist grundsätzlich ein lobenswerter Ansatz. Und natürlich sollten wir uns auch immer wieder einmal fragen, was andere davon haben, dass es uns gibt. Doch unsere Bestrebungen richten sich zu oft zu sehr auf Äußerlichkeiten. Viele Menschen ziehen daraus ihren Erfolg – Schönheitschirurgen zum Beispiel, Autohändler, Kosmetikhersteller und Bekleidungsfirmen. Denn sie alle profitieren von unseren Zweifeln. „Ja, ja, wahre Schönheit kommt von innen", winken wir müde lächelnd ab und geben sicherheitshalber ein Vermögen aus für Dinge, die uns attraktiver machen, unseren Marktwert steigern und damit die Liebe unserer Mitmenschen sichern sollen. Bei all diesen Bemühungen um den äußeren Schein übersehen wir ganz, was eigentlich in uns vorgeht.

Schauen wir noch einmal auf die Kinder: Sie lieben bedingungslos und wünschen sich nichts als die Verbundenheit, die sie als Embryo im Mutterleib erfahren haben, aufrechtzuerhalten. Wir Erwachsenen sehnen uns auch nach dieser Verbundenheit, haben allerdings schon die eine oder andere Schramme abbekommen. Das hat uns geprägt und skeptischer gemacht – uns selbst und anderen gegenüber. Wir sezieren nicht nur die Potenziale, Charakterzüge, Gewohnheiten oder sogar Bankkonten der Menschen, die uns neu begegnen, wir nehmen auch uns selbst gestreng unter die Lupe. Was, verdammt, haben denn die anderen, was ich nicht habe? Das strahlendere Lächeln, das aufregendere Leben, die besseren Karrierechancen, die größeren Brüste? Was oder wer hat Schuld am Scheitern einer Beziehung?

Meist sind schon die Startbedingungen ungünstig, denn wenn es um die Liebe geht, drehen wir Erwachsenen ein bisschen durch. Egal ob Mann oder Frau, egal wie alt oder jung, egal welchen Bildungsgrad wir erworben haben, sobald die Schmetterlinge im Bauch Cha-Cha-Cha tanzen, wird's kompliziert. Allzu oft projizieren wir schon beim ersten Kennenlernen etwas auf unser Gegenüber und lassen uns gar nicht wirklich auf den Menschen ein, der da vor uns steht, und was er vielleicht für uns sein könnte. Ein flüchtiger Weggefährte? Ein Lehrer? Eine Freundin? Ein Partner? Das große Liebesglück? Eine Insel? Vielleicht, vielleicht auch nicht. Wie viele Menschen sich an den falschen Partner binden, offenbart das Bundesamt für Statistik. Jede dritte deutsche Ehe wird wieder geschieden, nach durchschnittlichen 15 Jahren und mit Anfang 40.[21] Ein kurzer Blick in unseren Freundes- und Bekanntenkreis beweist: Natürlich gibt es Paare, die sich innig lieben, gegenseitig ergänzen und einfach irre gut zusammenpassen, aber die Mehrheit operiert eher nach dem Prinzip der Duldung. Aus Gewohnheit, aus Angst vor dem Alleinsein, weil sie sich als Team gut eingespielt haben oder wegen der gemeinsamen Kinder bleiben sie zusammen. Aber ist das Liebe?

Das Schönste an einer Liebesbeziehung ist wohl das Gefühl, in dem anderen sein Gegenstück gefunden zu haben. Einen Menschen, der bis zu einem gewissen Grad so ist wie man selbst und das, was uns an uns selbst noch fehlt, ergänzt. Jemand, der geistige Nähe bietet, körperliche Zufriedenheit stiftet, Raum lässt, sich weiterzuentwickeln, der uns inspiriert und unterstützt, der uns liebt, ohne uns verändern zu wollen. Weil das aber gar nicht so leicht ist und uns manchmal wie zu viel des Guten vorkommt, gehen wir faule Kompromisse ein. Wir könnten jedoch auch aufhören, allen anderen ständig beweisen zu wollen, dass wir es wert sind, geliebt zu werden, und einfach genießen, so zu sein, wie wir sind. Uns gut fühlen und darauf vertrauen, dass es da draußen einen Menschen gibt, der uns genau so, wie wir sind, auch gut findet.

***

Beziehungen sind dafür da, alle Beteiligten zu bereichern und mit Glück und Liebe zu erfüllen. Das geht nur, wenn die Partner sich selbst lieben und ihr persönliches Glück zulassen. Wer nur für das Glück des anderen lebt, gerät aus dem Gleichgewicht. Eifersucht, Vorwürfe und Wut sind die Folgen. Niemand anderes als wir selbst ist für die Wahrung unserer Bedürfnisse verantwortlich. Natürlich gehören Kompromisse und der ständige Versuch eines Mittelweges dazu. Es kann auch nicht immer alles eitel Sonnenschein sein, auch schwierige Phasen sind wichtig, um zu überprüfen und reflektieren, was wir aneinander mögen oder vielleicht nicht. So, wie wir selbst uns weiterentwickeln und verändern, gilt das auch für unsere Beziehungen. Mal liebt der eine mehr, mal der andere. Doch solange gemeinsame Ziele und Werte identisch sind, solange der Sturm nur an der Wasseroberfläche tobt und tief am Grund Einigkeit über die Fließrichtung herrscht, die Liebe zueinander nicht angezweifelt wird, hat auch die Beziehung Bestand und eine schwierige Phase verbindet uns nur noch mehr miteinander.

Und wie funktioniert nun ein ausgewogenes Geben und Nehmen? Vielleicht hilft es Ihnen, ausgehend vom Ziel zu denken. Wie stellen Sie sich eine glückliche Beziehung vor? Wie viel Freiraum brauchen Sie und wie viel Nähe? Wie viel Liebe und wie viel Freundschaft wünschen Sie sich? Wollen Sie eher gemeinsam oder mehr allein wachsen? Oder Sie stellen sich die Frage, was Sie unbedingt brauchen, um glücklich zu sein, und worauf Sie verzichten könnten. Und vor allem: Wie möchten Sie sich in dieser Beziehung fühlen?

Ganz unabhängig davon, wie Sie diese Fragen für sich beantworten, denke ich, dass jegliche Beziehung uns mit Glück, Liebe und Zufriedenheit erfüllen sollte. Beide müssen es wollen und sich ganz und gar in der Partnerschaft wiederfinden, dann ist sowohl das Geben als auch das Nehmen eine Bereicherung und ganz natürlich im Gleichgewicht. Das heißt nicht, dass wir immer und ununterbrochen auf Wolken gehen und alles durch die rosarote Brille betrachten müssen. Nein, es darf auch unbequem sein. Aber nicht unglücklich.

Im Grunde genommen wissen wir genau, welche Bausteine das Fundament für glückliche Beziehungen bilden: gegenseitiger Respekt, Ehrlichkeit, Vertrauen, Kommunikation, Humor. All das ist für die meisten unverzichtbar und doch so schwer. Denn bei vielen von uns scheitert es am Grundstein: der bedingungslosen Liebe zu uns selbst. Oftmals merken wir gar nicht, wie wenig Nähe wir eigentlich zulassen, wie sehr unser Herz verschlossen bleibt, wie hart wir mit uns ins Gericht gehen und wie sehr unsere Handlungen von Vernunft statt von unseren Gefühlen gelenkt werden. Und so betrügen und täuschen wir uns selbst und ziehen unsere Partner in diesen Kreislauf mit hinein. Dazu kommt der Alltagstrott mit seinen Versuchungen und Ablenkungen, da ist die „große Liebe“ bald nur noch eine Theorie, eine unrealistische Träumerei, eine unterhaltsame Rosamunde-Pilcher-Anekdote.

Was wir uns also unbedingt von unseren Kindern abschauen sollten, ist ihr Selbstverständnis. Sie sind glücklich und zufrieden mit sich, warum sollten es andere dann nicht auch sein? Damit meine ich nicht zufrieden sein im Sinne von fertig sein und keine Ziele mehr haben, sondern eher zufrieden sein in der Art: glücklich mit sich selbst, seine Stärken erkennend und seine Schwächen akzeptierend, innerlich ausgeglichen, wach und neugierig. Denn nur wenn wir wissen, wer wir sind und was wir wollen, werden wir auch glückliche Beziehungen eingehen können.

Das Leben ist ein Nutellabrot – Nachschlag gefällig?

Bevor wir zu Liebenden werden, sind wir Fremde. Erst auf dem gemeinsamen Weg lernen wir uns kennen und verstehen. Die bedeutende amerikanische Familientherapeutin Virginia Satir hat für diesen Weg einmal einen wunderbaren Leitfaden für Liebende formuliert:

„Ich möchte dich lieben, ohne mich anzuklammern;
Dich schätzen, ohne dich zu bewerten;
Mit dir zusammen sein, ohne deine Grenzen zu verletzen;
Dich einladen, ohne von dir zu fordern;
Dich verlassen, ohne Schuldgefühle zu bekommen;
Dich kritisieren, ohne anzuklagen;
Dir helfen, ohne dich zu beleidigen.
Wenn ich das Gleiche auch von dir bekommen kann, dann können wir uns wirklich begegnen und uns gegenseitig bereichern."[22]

ZIEL

STEHAUFMÄNNCHEN

„Hat gar nicht wehgetan …“, tröstet Taron, 5 Jahre, seinen besorgten Papa und startet schon wieder den nächsten Versuch, mit seinem Fahrrad den steilen Berg zu bezwingen.

„Aus Fehlern wird man klug“, erklären wir unseren Kindern scheinheilig. „Komm, steh gleich wieder auf!“, ermuntern wir sie nach jedem Sturz. Und was machen sie? Sie stehen auf und versuchen es erneut. Wir Erwachsene finden das putzig und sind stolz auf die Ausdauer und die Fortschritte, die sich nach und nach einstellen. Doch irgendwann scheinen wir mit diesem Lernprozess abzuschließen, denn dann sehen wir Fehltritte plötzlich als unerwünscht, peinlich und am Selbstbewusstsein kratzend an.

Leben bedeutet Veränderung, permanente Weiterentwicklung, und da gehört beständiges Lernen genauso dazu wie gelegentliche Misserfolge. Es gibt jeden Tag so viele Chancen, es so richtig zu vermasseln – egal ob auf der Arbeit oder zu Hause oder im Urlaub. Dementsprechend ist die Fallhöhe unterschiedlich hoch und daran gekoppelt auch der Schmerz beim Aufprall. Doch egal, wie tief wir fallen, egal, wie weh es tut und wie viele Menschen zuschauen, wenn wir uns den Schmutz von den Knien klopfen: Es gibt immer eine Möglichkeit, sich wieder aufzurappeln. Wem das gelingt, dem ist ein tief greifender Lernprozess sicher. Trotzdem setzen wir alle Hebel in Bewegung, um Fehler zu vermeiden. Unterläuft uns doch einer, sind wir wie gelähmt und mobilisieren die letzten Reserven, um das Drama zu vertuschen. Nicht auszudenken, wenn wir auffliegen! Wir werden rot, beginnen zu stottern und würden am liebsten im Boden versinken. Weil das kein akzeptabler Zustand ist, greifen wir zur nächsten Strategie: Verharmlosung. Wir versuchen unser Ungeschick kleinzureden, nach dem Motto „Ist doch gar nicht so schlimm". Und zur Sicherheit suchen wir gleich noch nach einem Sündenbock, dem wir die Schuld zuschieben können.

Nur den Ärger über uns selbst, der oft noch viel schlimmer ist als der eigentliche Fehler, können wir leider niemand anderem unterjubeln. Der klebt an uns wie ein Kaugummi an unserer Schuhsohle. Dafür sind wir – vielleicht – wenigstens die Konsequenzen los. Mit ihnen verschwindet allerdings auch der Lerneffekt. Nur wer sich seinen Fehlern und Emotionen stellt, hat die Chance, daraus zu lernen und sich weiterzuentwickeln. Der Autor Manfred Osten kritisiert in seinem Buch *Die Kunst, Fehler zu machen* unsere derzeitige „Null-Fehler-Kultur". Mal einen Fehler zu begehen empfinde er als sehr menschlich. Im Umkehrschluss sei es unmenschlich, wenn einem nie einer unterlaufe.[23] Selbst jenen, von denen wir denken, sie seien perfekt, unterläuft gelegentlich ein Fauxpas. In unserem privaten Umfeld wächst meist schnell wieder Gras darüber. Anders bei Prominenten, die noch Jahre später auf Versprecher, Skandälchen oder Schlagzeilen angesprochen werden. Beeindruckend sind dabei doch immer jene Menschen, die sich davon nicht unterkriegen lassen.

Es gibt also nicht nur Alles-Könner und Unter-den-Teppich-Kehrer. Menschen machen Fehler und manche stehen auch dazu und nicht nur das, sie fallen, stehen wieder auf und zeigen uns, wie viel Kraft doch in jedem von uns steckt.

Eigentlich wie bei den ersten Gehversuchen unserer Kinder, oder?

***

Jedes Kind will laufen lernen. Dafür nehmen sie komisches Robben über schmuddelige Teppiche in Kauf, umstürzende Gegenstände, an denen sie sich eigentlich hochziehen wollten, und unzählige Stürze auf Hinterkopf, Po und Nase. Aufgeben ist keine Option, ernst zu nehmende Alternativen gibt es auch keine, also verschwenden die Kleinen keine Sekunde und nehmen Rückschläge in Kauf, um ihr Ziel zu erreichen. Sie essen das Melonenstück mit Schale, schlucken im Schwimmunterricht ekliges Chlorwasser, nutzen ihre Schuhe beim Fahrradfahren als Bremse, schreiben „ich bien unden“ und lesen alles Mögliche, nur nicht das, was in dem vor ihnen liegenden Buch steht. Man könnte meinen, Kindheit sei so etwas wie die Zeit des Scheiterns. Wäre es vermutlich auch, wenn der Erfolgsfaktor nicht so kolossal wäre. Oder denken Sie heute noch beim Spazierengehen an Ihre aufgeplatzte Lippe von damals oder beim Radfahren an Ihre aufgeschürften Knie? Oder beim Lesen und Schreiben an die einzelnen Buchstaben? Wenn der Erfolg die holprigen Anfänge vergessen lässt, warum lassen wir uns dann von Rückschlägen so runterziehen?

Es gibt genug Beispiele, die uns Mut machen, unseren Weg zu gehen und das mögliche Scheitern gut zu nutzen. In den USA müssen die Menschen weniger Angst haben, dass nach einem Fehler verächtlich mit dem Finger auf sie gezeigt wird. Im amerikanischen Business existiert eine ganz andere Fehlerkultur als hierzulande. So veröffentlicht etwa das *Forbes*-Magazin regelmäßig die größten Fehlentscheidungen von Managern. Darin beschreibt zum Beispiel der Merchandising-Vice-Präsident der Firma *Land's End*, dass er sich aufgrund einer falschen Anordnung, die er vorab gegeben hatte, gezwungen sah, Pullover im Wert von 1,5 Millionen Dollar entsorgen zu lassen. Oder der Präsident von *Tom's of Maine* erzählt in einer Ausgabe freimütig, dass er 400 000 Dollar in den Sand setzte, weil er Deodorant neu verpacken lassen musste. Die Summe entspricht einem Drittel des Gesamtumsatzes der Firma. Einer Studie der Ohio State University zufolge gaben 90 Prozent der befragten Manager zu, dass es sinnvoller sei, den eigenen Irrtum einzugestehen und sich dafür zu entschuldigen, als sich herauszureden und zu versuchen, anderen die Schuld in die Schuhe zu schieben.[24]

Einleuchtend. Aber in Deutschland schwer vorstellbar. Hier erfahren Tugenden wie Verlässlichkeit, detailliertes Planen und kalkuliertes Risiko Wertschätzung. Doch manchmal lässt sich selbst mit der akribischsten Planung das Unglück nicht vermeiden. Die folgende Suche nach einem Schuldigen ist Teil der Verarbeitung. Diesen Schuh mag sich natürlich keiner gern anziehen. Umso mehr leiden wir unter unseren Fehlern und akzeptieren Strafe als logische Konsequenz. Mit Sicherheit gibt es unter all den Fehltritten, die im Laufe eines Menschenlebens passieren können, Beispiele, die so gravierend sind, dass sie bestraft werden müssen. Für weniger schwerwiegende Fehler aber gilt: Kopf hoch, wir machen alle mal etwas falsch. Das Leben geht trotzdem weiter! Also steh wieder auf, klopf dir den Schmutz von den Knien, wisch dir die Tränen aus den Augen und mach das Beste daraus! Denke quer und finde Lösungen, nach denen du vielleicht noch nie gesucht hast.

Das gilt im Berufsleben und erst recht in unserem Sozialleben, sprich in unseren Liebesbeziehungen. Denn hier reagieren wir am emotionalsten und stehen uns oftmals vor lauter Ärger über unser vermeintliches Scheitern selbst im

Weg. Wenn Menschen sich lieben und eine Familie gründen, kann das ganz wunderbar funktionieren. Manche stellen jedoch eines Tages fest, dass sie sich in unterschiedliche Richtungen entwickelt haben. Unumkehrbar. Dann bleibt nur die Wahl zwischen Variante A: einfach weiter nebeneinanderher stagnieren und sich gegenseitig für das eigene Unglück und die Unzufriedenheit verantwortlich machen. Oder Variante B: man lernt daraus und zieht die Konsequenzen, beschreitet neue Wege, um sein eigenes Glück wiederzufinden. Trennen sich Eltern, ist das grundsätzlich etwas ganz Schreckliches, für das Paar und erst recht für die Kinder. Umso wichtiger ist es, keine Zeit mit Schuldzuweisungen zu verschwenden.

Auch wenn zwei Liebende als Paar gescheitert sind, haben sie noch alle Möglichkeiten, als Familie zusammenzubleiben. Dafür lohnt es sich, nach Lösungen zu suchen. So kann das furchtbare Ende der Beginn von etwas schönem Neuen werden. Das erfordert den Mut, neue Wege zu gehen, die Kraft, sich mit seinen Schwächen auseinanderzusetzen, und die Zuversicht, Lösungen zu finden. Sollten Sie an sich und Ihren Fähigkeiten zweifeln und einen kleinen Motivationsschub benötigen, setzen Sie sich auf eine Spielplatzbank und beobachten Sie die Kinder dort. Sie werden Sandburgen einstürzen sehen, Schaukeln, die nicht richtig schwingen wollen, und abrutschende Kinderfüße am Klettergerüst. Es wird Tränen geben und Wutgeschrei, doch am nächsten Tag kommen alle wieder und versuchen es erneut.

Das Leben ist ein Nutellabrot – Nachschlag gefällig?

Stehaufmännchen fallen hin und finden immer wieder die Kraft aufzustehen. Wie machen die das? Die Antwort liefert die Resilienzforschung. Was sich ein bisschen ranzig und unangenehm nach Altersheim und Alkoholverdünnung anhört, untersucht, warum es einigen Menschen nach Misserfolgen gelingt aufzustehen und umso erfolgreicher durchzustarten und anderen nicht. Der Begriff „Resilienz“ ist abgeleitet vom Lateinischen und bedeutet „Widerstandsfähigkeit, -kraft“. Die sogenannten Stehaufmännchen tolerieren Veränderungen, lernen aus Niederlagen und gehen konstruktiv und nachhaltig mit Krisen um. Die Forschung belegt, dass nicht Herkunft und Erbanlagen darüber entscheiden, welchen Weg wir gehen, sondern die persönlichen Einstellungen und Erfahrungen eines Menschen. Die Basis einer gesunden Resilienz sind unsere emotionalen Kompetenzen, also die Fähigkeiten, mit den eigenen Gefühlen und denen anderer konstruktiv umzugehen. Dazu zählen Selbstwahrnehmung, Selbststeuerung, Motivation, Empathie und soziale Kompetenz. Resiliente Menschen sind erfolgreicher, weil sie in schwierigen Situationen nicht resignieren, sondern selbstbewusst, flexibel und lösungsorientiert agieren. Beispiele?

Steven Spielberg wurde dreimal von der Filmhochschule abgelehnt, bevor ihm der Einstieg in die Filmwelt gelang.[25] Bestseller Autor Stephen King wurde von 30 Verlagen abgelehnt, bis er endlich jemanden fand, der ihm sein Buch *Carrie* für 2500 Dollar abkaufte.[26] Albert Einstein begann erst mit drei Jahren zu sprechen. Seine Lehrer meinten, von ihm sei nicht viel zu erwarten.[27] Keine Zukunft im Showbusiness prophezeite Decca Records keiner geringeren Band als den Beatles.[28]

Also, wollen Sie lieber in Unbeweglichkeit verharren oder jetzt erst recht wie ein Phönix aus der Asche steigen? Wenn Sie wissen, was sie erreichen wollen, haben Sie vielen Menschen schon eine ganze Menge voraus. Das allein ist schon Grund genug zur Freude und Motivation, die nächsten Schritte weiterzugehen. Wer nichts macht, kann auch nichts falsch machen. Wenn das keine Option für Sie ist, lassen Sie sich von Hindernissen nicht entmutigen. Analysieren Sie die Situation und machen Sie es beim nächsten Versuch besser.

KLEINKRAM MACHT AUCH SPASS

„Lars und ich streiten und die ganze Welt kann in Chaos versinken ... und Karl? Der spielt mit einem Fussel!“
Sibylle über ihren Sohn Karl, 11 Monate

Alle Jahre wieder schwelgen meine Eltern in Erinnerungen an unser erstes gemeinsames Weihnachtsfest. Ich war süße zehn Monate alt und ignorierte alle Geschenkpakete. Stattdessen spielte ich den ganzen Abend gedankenverloren mit einer Orange und war wunschlos glücklich. 30 Jahre später sind es die glitzernden Christbaumkugeln und Schokoladenweihnachtsmänner, die meine Kinder alles um sich herum vergessen lassen. Dabei wächst der Berg zusammengeknüllten Geschenkpapieres am Ende des Bescherungsmarathons jedes Jahr höher und „wunschlos glücklich“ will immer weniger auf uns passen. Wir sind im Konsumrausch. Geiz ist geil. Gut, dass wir verglichen haben! Da weiß man, was man hat. Weil ich es mir wert bin. Die Freiheit nehm ich mir! Ich liebe es …

Wir hetzen durch unser Leben, arbeiten wie verrückt, um uns ein noch besseres Leben zu ermöglichen, und nehmen uns in diesem durchgeplanten und vollgepackten Alltag keine Zeit, unser Leben zu genießen. Natürlich ist es großartig,

Geld zu besitzen und sich dadurch ein kompromisslos schönes Leben zu gestalten. Seit ich Mutter bin, trage ich zusätzlich noch den Wunsch nach finanzieller Sicherheit in mir, für Eventualitäten vorzusorgen. Jeder muss selbst für sich entscheiden, wie viel Geld so ein Leben braucht und wie viel Arbeitszeit er oder sie bereit ist zu investieren. Es lohnt sich jedoch auch einmal innezuhalten, sich umzuschauen und zu fragen: Was brauche ich wirklich? Wie groß muss das Dach über meinem Kopf sein? Wie voll mein Kleiderschrank? Wie kostbar mein Schmuck? Wie vielfältig mein Fuhrpark? Wie ausgewählt meine Kosmetikprodukte? Wie hochwertig meine Nahrungsmittel? Wie umfangreich meine Büchersammlung? Wie durchdesignt meine Einrichtung? Fakt ist: Mit zunehmendem Alter häuft sich so einiges an. Auch an Denkmustern, die uns suggerieren, worauf wir scheinbar Wert legen sollten. Was davon wirklich unentbehrlich ist, ist zu einhundert Prozent subjektiv.

Jeder von uns setzt andere Maßstäbe, Prioritäten und Werte, wenn es darum geht, Geld auszugeben. Das Statistische Bundesamt hat errechnet, dass das im Jahr 2012 immerhin über 1500 Milliarden Euro waren. Nicht schlecht! Was haben wir davon bloß alles gekauft? Und was viel spannender ist: Was davon haben wir wirklich gebraucht?

Anhand der Geburt eines Kindes lässt sich unser Konsumverhalten ziemlich genau unter die Lupe nehmen. Nackt kommt dieses Menschlein auf die Welt und wird von uns mit Liebe überhäuft und mit all dem, was es unserer Meinung nach noch zum Leben braucht, schließlich soll es unseren lieben Kleinen an nichts fehlen. Doch was heißt das genau? Eine große Wohnung mit eigenem Spielzimmer? Unmengen von Spielzeug? Exklusive Designerkleidung? Wertvolle Biokost? Ein schicker Kinderwagen? Intensive Frühförderung? Eine luxuriöse Familienkutsche? Ausgiebige Transatlantikurlaube?

Wie gesagt: Jede Familie ist anders und jede Konsumentscheidung unbeschreiblich subjektiv. Aber ich wage zu behaupten: Unsere Kinder brauchen all das (fast) gar nicht. Ein Dach über dem Kopf, Kleidung, gesundes Essen, medizinische Versorgung und Zugang zu Bildung sind in der Tat indiskutabel. In erster Linie steht jedoch Liebe, Geborgenheit und Aufmerksamkeit. Nichts, was wir für Geld kaufen können! Und so viel, was wir zu geben haben!

Kinder – und hier meine ich vor allem jene, die noch nicht mit unseren iProdukten verwachsen sind – sind begeistert von Steinen und Stöcken, Sand und Muscheln, Regentropfen und Pfützen, Schmetterlingen und Marienkäfern, Vogelnestern und Schneckenhäusern, Blumen und Regenbogen. Sie zeigen uns freudig aufgeregt die großen und kleinen Alltäglichkeiten und wir wundern uns, was sie meinen. „Da ist doch gar nichts?!" Doch, da ist etwas, wir haben nur verlernt, darauf zu achten. Doch dieser „Kleinkram" macht auch Spaß. Und glücklich!

***

Wir wollen immer weiter und weiter und führen ein Leben, als wären wir ständig auf der Autobahn unterwegs. Was rechts und links passiert, sogar auf dem Grünstreifen in der Mitte, rauscht an uns vorbei. Ein verwischtes, aber gewaltiges Farbspiel täuscht uns darüber hinweg, dass wir eigentlich gar nichts sehen und uns lediglich mit einem verschwommenen Zerrbild zufriedengeben. Aber jeder Stau zwingt uns anzuhalten und bietet gleichzeitig die Chance auszusteigen und einen Blick auf die Details zu riskieren, die an uns vorbeiflitzen. Meist sind die Momente, über die wir uns am meisten ärgern, weil sie uns Zeit kosten, die eigentlich kostbaren Momente. Ärgern Sie sich nicht! Atmen Sie tief durch und fragen Sie sich, warum das gerade jetzt passiert und wofür es gut sein könnte. Und glauben Sie mir, die Antwort darauf wird sich Ihnen offenbaren. Vielleicht nicht jetzt und sofort, aber garantiert irgendwann. Sie müssen nicht wie das weiße Kaninchen aus *Alice im Wunderland* Haken schlagend umherhetzen. Lassen Sie sich von Ihrem Kind an die Hand nehmen und tauchen Sie ein in seine entschleunigte Welt der Kleinigkeiten. Ich hab's getan und entdeckte plötzlich Steine, die aussahen wie Herzen, Gesichter in Baumstämmen, dass Papierflieger nicht gleich Papierflieger ist und Lachen mehr Muskelkater hervorrufen kann als jedes Workout. So habe ich intensive Momente erlebt, die unvergessen bleiben, und für mich entschieden, dass ich die wenigen Jahre, in denen ich so wichtig für meine Kinder bin, auch voll und ganz genießen möchte. Ich werde natürlich auch weiterhin arbeiten und mein Erwachsenenleben pflegen, aber gleichzeitig genug Zeit für mein Familienleben einplanen. Also versuche ich, mein Berufsleben um meine Kinder herum zu organisieren.

***

Ich habe mir einmal genau angesehen, wofür wir Geld ausgeben, und mich gefragt, ob das jetzt wirklich wichtig ist. Essen zum Beispiel. Anders als während meiner Studienzeit würde ich heute nicht mehr daran sparen. Wussten Sie, dass wir vor hundert Jahren noch 57 Prozent unseres Verdienstes für Lebensmittel ausgegeben haben? Inzwischen sind es nur noch knapp 15 Prozent?[29] So wenig Wert gestehen wir unseren Lebensmitteln heutzutage zu, obwohl es doch, wie der Name schon sagt, Lebensmittel sind und keine Füllstoffe! Und so, wie wir ihnen ihre Wertigkeit absprechen, so wenig setzen wir uns inhaltlich damit auseinander. Das führt zu Ernährungsgewohnheiten, die ein Gesundheitsrisiko bergen. Obwohl Nahrung die Energie ist, die uns am Leben erhält, wissen wir erschreckend wenig darüber und handeln noch viel weniger danach. Okay, Zucker und Fett machen dick und Kohlenhydrate nach 18 Uhr vielleicht auch und Grünzeug ist irre gesund. Dass Fett nicht gleich Fett ist und auch in vielen Milchprodukten Kohlenhydrate enthalten sind oder wann welches Gemüse geerntet wird und welche Inhaltsstoffe dessen Verzehr so wichtig machen, wissen aber nur noch wenige. Die Menschen in meinem Bekanntenkreis, die sich in Ernährungsfragen gezielt an der Wirkung bestimmter Lebensmittel orientieren, anstatt sich gedankenlos den Bauch vollzustopfen, kann ich an einer Hand abzählen. Auch meine eigenen Wissenslücken in Sachen Ernährung sind erschreckend groß. Natürlich ist es einfach, den Wagen durch die randvollen Supermarktregale zu schieben, wo die immer gleichen sieben Apfelsorten perfekt und rund aussehen, Frühstückscerealien den Tiger in uns wecken, die Chipspackungen verführerisch knistern und das Obst keine lästigen Kerne enthält und alles in den Wagen zu werfen, wonach uns gerade ist. Denn wer will sich schon ständig mit all dem Kleingedruckten beschäftigen? Das ist symptomatisch für unser Konsumverhalten. Gedankenloses Kaufen führt zu der Notwendigkeit, mehr Geld zu verdienen. Dabei brauchen wir so wenig und so vieles, was wirklich gut für uns ist, steht uns gratis zur Verfügung. Aber wir haben bei all der Arbeit keine Zeit und nicht die Nerven, uns damit zu beschäftigen. Und solange sich unser Hamsterrad fleißig dreht, gibt es auch keine Gelegenheit, nach Alternativen zu suchen oder sich darüber zu wundern, wie sehr unser Besitz uns besitzt.

Verstehen Sie mich bitte nicht falsch. Ich bin die Letzte, die den technischen Fortschritt verteufelt oder ein asketisches Leben predigt. Wir haben unglaubliche Chancen und Möglichkeiten, auch dank der technischen Innovationen, unser Leben erfüllt zu gestalten. Aber es wäre doch wirklich schade, als Rentner zurückzublicken und sich zu fragen, ob es das alles wirklich wert war. Und was auch immer „das" in Ihrem Leben ist, überlegen Sie, warum es für Sie so wichtig ist! Wenn Sie darauf für sich eine zufriedenstellende Antwort finden, merken Sie recht deutlich, wofür es sich lohnt, Zeit und Geld zu investieren, und was Sie bremst und daran hindert zu leben. Und dann ist es an Ihnen, sich frei zu machen von überflüssigem Ballast und diese Freiheit auch zu genießen. Schalten Sie Ihr Navi von Auto auf Fußgänger und starten Sie mit kleinen Schritten, so schärfen Sie den Blick für das, was vor Ihnen liegt. Setzen Sie sich damit auseinander und treffen Sie bewusste Entscheidungen. Vielleicht gehören dazu Kleinkram oder eine einzelne, rollende Orange, vielleicht auch ein riesiger Berg von Geschenken. Was immer Sie glücklich macht, ist die richtige Entscheidung.

Das Leben ist ein Nutellabrot – Nachschlag gefällig?

Gute Gefühle sind eng mit einer guten Gesundheit verbunden. Sprich, der Aussicht auf ein langes Leben. Das wissen nicht nur Heiler und Schamanen, sondern längst auch Forscher und Wissenschaftler. Und das geht nun wie? Zum Beispiel indem wir den Tonus des Vagusnervs erhöhen. Dieser hat seinen Ursprung im Hirnstamm, läuft durch die Brusthöhle, verteilt sich schließlich bis zu unseren Organen und könnte das entscheidende Bindeglied zwischen Seele und Körper sein. Die amerikanische Psychologin Bethany Kok hat den Vagusnerv erforscht und herausgefunden, wie wir dessen Tonus erhöhen können. Die Antwort ist ganz einfach: mit guten Gefühlen! Die Versuchsteilnehmer in Koks Experiment analysierten neun Wochen lang jeden Abend ihre Gefühle und lernten in Meditationskursen, wie sie gezielt Wohlwollen, Liebe und Mitgefühl hervorrufen können. Ihr Vagustonus erhöhte sich deutlich.[30]

Und noch eine gute Nachricht: Meditation ist erlernbar! So zahlreich wie die Studien zu diesem Thema, so vielfältig sind auch die Meditationstechniken. Von stillem Sitzen oder Liegen über achtsames Wahrnehmen bis hin zu wilder Dynamik – für jeden Lebensstil findet sich die passende Methode. Wie wär's? Mir hat es sehr geholfen, Ballast abzuwerfen! Und wer erst einmal anfängt, seine schlechten Gedanken auszumisten, der beginnt auch in anderen Lebensbereichen auszusortieren und sich von Unnötigem und Belastendem zu trennen. Wie viele Kleider, Taschen, Schuhe oder Schmuck braucht eine Frau? Okay, ich weiß, es ist niemals zu viel, aber überlebensnotwendig ist es nicht! Wer in sich geht, und sei es auch nur für eine Minute täglich, abschaltet und achtsam seinen Gedanken und Gefühlen auf den Grund geht, anstatt ihnen hinterherzujagen, der entdeckt auch wieder die wunderbare Welt des Kleinkram-macht-auch-Spaß. Wer ausmistet, entlarvt vielleicht sogar Menschen, die mehr bremsen als bereichern, und hat wieder mehr Zeit für die wirklich guten Freunde. Denn auch Freundschaft macht glücklich! Übrigens auch erfolgreich, wie ein kleines Rechenspiel der Unternehmensberaterin Andrea Och zeigt. Sie coacht viele Frauen, die Karriere machen wollen, und sagt, dass lediglich zehn Prozent des beruflichen Erfolges auf Leistung basierten. Netzwerken und Beziehungspflege dagegen 60 Prozent! Täglich eine halbe Stunde netzwerken sei daher Pflicht.[31]

Entdecken Sie freudig, was Sie wirklich brauchen, um glücklich zu sein.

ENE MEENE MUH UND VERTRAUEN TUST DU ... ODER?

„Noch ein Stück ... weiter ... noch weiter ..."
Romy, 6, während sie ihren Papa immer weiter weg von der Mauer delegiert, von der sie gleich in seine Arme springen wird

Meine Tochter war kaum drei Jahre alt, da sprang sie mit Anlauf zu ihrem Bruder ins Schwimmbecken. Vollgas und ohne mit der Wimper zu zucken. Als Nichtschwimmerin! Dafür litt ich noch Stunden später unter Herzflimmern. Denn hätte ich nicht direkt neben ihr am Beckenrand gestanden und sie reaktionsstark aufgefangen, wäre ihre kleine Arschbombe nicht so lustig ausgegangen. Doch meine Mini-Kamikaze wusste: Da steht Mama und die passt schon auf. Wer schon einmal einem Baby beim Schlafen zugeschaut hat, wie es sprichwörtlich alle viere von sich streckt und sich stundenlangen Träumen hingibt, mit der Zuversicht, dass sein Schlaf überwacht wird, egal, wo – im Kinderwagen oder Fahrradsitz, auf dem Arm oder der Picknickdecke –, ist bezaubert von diesem Vertrauensvorschuss. Babys vertrauen sich, ihren Schlaf, ihr Leben den Eltern an – zu 100 Prozent. Rührend ist das und gleichzeitig beeindruckend. Wem vertraue ich eigentlich so sehr? Auf wen kann ich mich blind verlassen? Wer fängt mich auf, wenn ich springe? Wen würde ich, hilflos und verletzlich, meinen Schlaf überwachen lassen?

Vertrauen ist nicht schwarz oder weiß, man hat es oder eben nicht. Vertrauen ist eher wie ein Croissant. Es kann den Tag versüßen, wenn es hält, was es verspricht, es kann aber auch einen unangenehmen Nachgeschmack hinterlassen, wenn wir enttäuscht werden. Es kann das i-Tüpfelchen auf dem Frühstückstisch sein, passt an manchen Tagen aber nicht so ganz in unseren Ernährungsplan. Und es ist so vielschichtig wie der knusprige Blätterteig des süßen Gebäcks, beinhaltet es doch einerseits die Beziehungen zu anderen, aber auch das Vertrauen in uns selbst. Manchmal vertrauen wir nur ein bisschen und agieren lieber mit doppeltem Boden und manchmal geben wir uns hin, ganz und gar. So wie unsere Kinder. Vertrauen gibt uns die Kraft, an unsere Fähigkeiten zu glauben, und ist die Basis, unerschrocken nach mehr zu streben. Es hilft uns, gelassen durchs Leben zu gehen. Wer sich selbst und seinen Fähigkeiten vertraut, nimmt die Höhen und Tiefen, die das Leben bietet, entspannt an. Zu wissen, man hat sein Bestes gegeben, nimmt den Druck, den Erwartungen der anderen gerecht werden zu müssen.

Wie sehr wir eigentlich vertrauen, merken wir vor allem dann, wenn uns etwas besonders wichtig ist. Wir wollen unbedingt, dass sich unsere Wünsche erfüllen, und vertrauen deshalb darauf – obwohl wir doch so wenig sicher sein können, dass die Erfüllung auch eintreten wird. Etwas Nervenkitzel ist immer im Spiel und die Hoffnung auf einen positiven Ausgang. Die Gefahr besteht, alles zu verlieren oder viel zu gewinnen.

Vertrauen heißt, sich hinzugeben, bereit zu sein, die Kontrolle abzugeben, sich fallen zu lassen und zuversichtlich daran zu glauben, dass trotzdem alles gut ist und bleibt. Wer so zuversichtlich sich selbst und seine Fähigkeiten bewertet, traut dies auch anderen Menschen zu. Was kann schon passieren? Böses Erwachen, okay. Vielleicht auch Enttäuschungen. Sogar Frust? Ja doch! Ganz normale Reaktionen, wenn's mit dem Vertrauen mal doch nicht klappt. Früher oder später machen auch Kinder diese Erfahrung. Meist sind wir Eltern diejenigen, die sie am schmerzlichsten enttäuschen. Und das, obwohl wir es, unter normalen Umständen jedenfalls, eigentlich immer nur gut mit dem Nachwuchs meinen. Doch was sind schon normale Umstände?

Wenn ich nicht gleich zur Stelle bin, um meinem Sohn die Schuhe zuzubinden? Wenn ich den versprochenen Kinobesuch ausfallen lassen muss? Wenn ich (im Gegensatz zu anderen Eltern) durch meine lange Arbeitszeiten nicht flexibel auf frühere Abholwünsche meines Kindes eingehen kann? Wenn ich täglich an meinem Sohn herummeckere, weil ohne mein Einschreiten sein Schreibtisch vermüllt, seine Haustiere verhungern oder er zu spät und nur mit halber Ausstattung zur Schule kommt? Wenn ich meine Kinder zu sehr behüte und dadurch ihre eigenen Erfahrungswerte ausbleiben?

***

Wenn niemand da ist, wenn wir Hilfe brauchen, Ankündigungen und Versprechen nicht eingehalten werden, wir zu hohen Anforderung ausgesetzt sind und scheitern, ständig kritisiert werden, keine eigenen Erfahrungen machen können oder uns Situationen hilflos ausgeliefert fühlen, droht Enttäuschung. Wie bei unseren Kindern rüttelt diese am Vertrauen in die Umwelt und in uns selbst. Doch wie Sie sehen: alles nur eine Frage der Perspektive. Wir wollen unsere Kinder nicht enttäuschen, ihnen am liebsten jeden Wunsch erfüllen und immer 100 Prozent für sie da sein. In einer idealen Welt gar kein Problem, doch in der „echten“ Welt ist leider immer irgendetwas. Wir agieren und reagieren und müssen eben auch einmal einen Kinobesuch verschieben oder ins Spiel der Kinder eingreifen, wenn wir nicht wollen, dass sie sich gegenseitig grün und blau schlagen. Eigentlich normal, oder? Doch unsere Kinder sind dennoch enttäuscht.

***

Die Grundeinstellung zu anderen Menschen und den eigenen Fähigkeiten entwickeln wir aufgrund unserer Erfahrungen in der Kindheit. So spalten sich die Menschen in Misstrauische oder Vertrauensvolle. Vom Misstrauen ist es nur noch ein kleiner Schritt zur Verbitterung und die Hürde zurück wird nahezu unüberwindbar. Ein Schutzschild schirmt ab, in beide Richtungen. Wer eine Mauer um sich herum zieht, kann nicht mehr enttäuscht werden. Aber auch nicht mehr berührt, bereichert und bewegt und verhindert so nicht nur negative Erfahrungen mit anderen Menschen, sondern auch positive. Vertrauen können ist eine wichtige Basis für zwischenmenschliche Beziehungen – beruflich wie privat. Ich vertraue darauf, dass meine Arbeit entlohnt wird, dass mein Partner mich respektiert, dass Verträge und Abmachungen eingehalten werden und mir niemand absichtlich etwas Böses will. Eine positive Haltung, die wir uns angesichts immer wiederkehrender schlechter Erfahrungen hart erkämpfen müssen. Es geht nicht darum, sich gutgläubig ausnutzen zu lassen oder Enttäuschungen schönzureden. Sondern eher darum, sich selbst und anderen Menschen gegenüber grundsätzlich positiv eingestellt zu bleiben, bei gleichzeitiger Achtsamkeit für die eigenen Gefühle und Ansprüche. Vertrauen heißt nicht, sehenden Auges ins offene Messer zu rennen. Wer sein Vertrauen verschenkt, ist selbst schuld. Wir können aber unser Vertrauen erhalten und lernen, Situationen aus verschiedenen Perspektiven zu betrachten und entsprechend zu bewerten. Vielleicht ist doch das eine oder andere gar nicht so negativ, sondern realistischen Umständen geschuldet und war ursprünglich durchaus positiv gemeint?

Schlechte Erfahrungen und Enttäuschungen sind Teil des Nervenkitzels, die Alternative wäre Misstrauen, Einsamkeit und Verbitterung. Ohne Vertrauen sind wir nicht wirklich gesellschaftsfähig. Freundschaft wird unmöglich, genauso Liebe, Partnerschaft, Familie, Gemeinschaft. Die einzige Freude bereiten jene Momente, in denen die Abkehr von den Menschen durch eine weitere negative Erfahrung bestätigt wird. Die gute Nachricht: Sollten Sie diesen Weg wählen, werden Sie nie mehr enttäuscht. Die schlechte: Sie werden jedoch auch nicht mehr bereichert. Es lohnt sich, anderen Menschen zu vertrauen und sie in Ihr Leben zu lassen. Enttäuschungen bleiben nicht aus, mutwillige oder fahrlässige. Wir Menschen machen Fehler. Und, Überraschung: jeder von uns! Sie auch. Aber die meisten von uns haben hohe Ideale und Werte und versuchen jeden Tag, sie zu erfüllen. Nur so können wir echte Beziehungen mit anderen Menschen eingehen. Nur so können wir immer wieder versuchen, über uns hinauszuwachsen. Ohne Vertrauen würden Sie dieses Buch nicht in den Händen halten. Ich musste mir und meinen Texten vertrauen und all den Menschen, die bei der Veröffentlichung geholfen und sich und ihre Fähigkeiten eingebracht haben. Und Sie als Leser oder Leserin haben mir hoffnungsvoll einen Vertrauensvorschuss gewährt und dieses Buch erworben.

Manchmal gehen wir in Vorleistung, manchmal werden wir enttäuscht, manchmal überrascht und sehr oft geht einfach alles gut. Leider bleiben die schlechten Erfahrungen wesentlicher länger in unserem Gedächtnis haften als die guten.

Wir zählen nicht, wie viele Menschen uns täglich ihr Vertrauen schenken, wie viele Wünsche und Erwartungen erfüllt werden und wie oft wir auf uns selbst stolz sein können. Eine schlechte Erfahrung reicht jedoch aus, um den ganzen Tag zu überschatten. Wie der Hundekot am Schuh, der sich nur schwer abstreifen lässt und dessen Gestank den ganzen Tag in unserer Nase hockt. Soll so ein Tritt in den Hundehaufen nicht Glück bringen? Also lassen Sie zu, dass die Enttäuschungen Sie stärker machen, versuchen Sie daraus zu lernen und seien Sie achtsam, dass die Enttäuschungen Sie nicht härter machen.

Das Leben ist ein Nutellabrot – Nachschlag gefällig?

Immer wieder behaupten die Medien, unsere Gesellschaft befinde sich in einer Vertrauenskrise. Kein Wunder, ist sie doch nur eine von vielen Krisen: egal ob Wirtschaft, Kirche oder Politik – überall agieren Menschen und die machen Fehler und diese wiederum erzeugen Krisen. Wir können uns eben auf niemand anderen verlassen als auf uns selbst! Oder? Waren heute Morgen nicht die Müllmänner unterwegs und haben die Tonnen geleert? Sind nicht die Busse und Bahnen gefahren? Kam die Post? Hatten die Läden geöffnet? Funktionierten Heizung und Strom? Haben Sie Zeitung gelesen und sich darauf verlassen, dass die Journalisten sorgfältig recherchiert haben? Jeden Tag vertrauen wir, dass jeder zur richtigen Zeit am richtigen Ort ist und seine Arbeit erledigt. Jeden Tag begeben wir uns in verschiedenste Abhängigkeiten. In vielen Bereichen haben wir sogar die Wahl: Wir müssen nicht Bus fahren, unser Geld zur Bank bringen, zum Arzt gehen oder Nachrichten schauen. Wir machen es trotzdem, denn in den allermeisten Fällen geht alles gut. Wir setzen Vertrauen in andere Menschen und diese geben ihr Bestes, uns nicht zu enttäuschen. Ohne Vertrauen sind wir in der Gesellschaft nicht handlungsfähig. Ein kleines Restrisiko bleibt immer. Wir können nicht in die Zukunft schauen, also werden wir auch keine Garantien bekommen. Was soll's? Lassen Sie sich durchkitzeln von der Herausforderung zu vertrauen. Wie ein Kind, jeden Tag aufs Neue!

HAT DA ETWA JEMAND WAS GESAGT?

„---"
Kai, 4 Jahre, in der Straßenbahn zu dem gesprächigen netten älteren Herrn auf dem Sitz gegenüber

Jeder hat Verständnis, wenn sich kleine Kinder verschreckt hinter den Beinen ihrer Eltern verstecken, nachdem sie angesprochen wurden. Je älter sie werden, desto weniger brauchen sie diese Deckung und wir erwarten von ihnen, dass sie uns antworten. Nur machen sie das nicht immer so, wie wir das gern hätten. Kinder plappern den ganzen Tag, aber sie können auch stoisch schweigen. Mit einer Konsequenz, die uns Erwachsene zur Weißglut bringen kann. So schämen wir uns zum Beispiel gegenüber all den netten Menschen, die mit wohlgemeinten Aufmerksamkeiten unserem Kind eine Freude machen wollen und bei denen sich die lieben Kleinen einfach nicht artig bedanken. Wir erfinden Entschuldigungen, wenn unsere Kinder die Fragen von Erwachsenen mit einem stummen Blick auf den Boden beantworten. Und wir versuchen zu motivieren, wenn die Lehrerin zu mehr Wortmeldungen im Unterricht auffordert. Kinder werden häufig in Situationen hineingedrängt, die sie verunsichern. Sie kommen mit Menschen in Kontakt, die sie noch nie zuvor gesehen haben, und finden weder in ihrem kommunikativen noch in ihrem sozialen Repertoire Handlungsanweisungen, die ihnen helfen, damit umzugehen. Also sagen sie lieber nichts. Und wir sind genervt. Ungefähr so sehr, wie wenn uns auf einer Party ein Fremder ein Gespräch aufdrängt, dessen einziges Ziel es ist, sich als tollen Hecht darzustellen. Oder wenn die Freundin ganz dringenden Gesprächsbedarf signalisiert, um dann ausschließlich über scheinbar unwichtige Probleme zu schimpfen, ohne wirklich einen Rat haben zu wollen. Oder vielleicht so genervt, wie wenn wir zu einem Vortrag gehen, von dem wir eigentlich sehr viel erwarten und dann doch nur ein Redner mit leerem Geblubber unsere Zeit verschwendet. Wie war das noch mal mit Reden und Schweigen und irgendetwas mit Gold?

***

Auch uns Erwachsene würde gut dosiertes Schweigen in vielerlei Hinsicht bereichern. Wir schnattern und plappern, ähnlich wie unsere Kinder, jedoch weniger aus einem Mitteilungsbedürfnis heraus, sondern eher, weil wir es als unhöflich empfinden, nichts zu sagen, oder uns Gesprächspausen unangenehm sind. Dabei kann sie so wunderbar sein, diese Stille. Vor allem mit einem vertrauten Freund oder geliebten Menschen beisammenzusitzen und den Augenblick zu genießen, anstatt ihn zu zerreden. Durch unser leeres Gequassel zerstückeln wir besondere Momente oder reden so viel, dass keine Zeit bleibt, gründlich darüber nachzudenken, was wir mit unseren Worten eigentlich sagen wollen. Manchmal scheint dieser Klangteppich, den wir durch unser Gerede erzeugen, dem anderen eher zu signalisieren: „Ich bin noch hier“, als ihm wirklich etwas mitzuteilen. Aber unterschätzen Sie nicht die Macht der Worte. Sie prägen tagtäglich, wie wir denken und handeln, was wir wahrnehmen und woran wir uns erinnern. Worte erzeugen sofort Gefühle und Bilder in unserem Kopf und Unterbewusstsein. Die Menschen aus Werbe-, Medienwirtschaft und Politikbetrieb wissen das längst für sich zu nutzen. Die einen verkaufen uns „knusprige Hähnchenschenkel mit gartenfrischem Kartoffelsalat nach Großmutters Rezept", die anderen argumentieren für ihren „Krieg gegen den Terror". Garantiert haben Sie bei beiden Beispielen sofort etwas gesehen oder gefühlt. Umso wichtiger ist es, genau zu überlegen bevor wir einfach munter drauflosquasseln. Erst recht, bevor wir aus lauter Verlegenheit sogar beginnen zu lügen. Sei es aus vermeintlicher Höflichkeit oder während eines aufgezwungen Smalltalks. Sich gegenseitig „Einen schönen Tag" zu wünschen, „Alles Gute!" und die E-Mail mit „Hochachtungsvoll" zu beenden, gehört zur Grundausstattung eines freundlich kommunizierenden Erwachsenen. Doch wie oft meinen wir das wirklich so? Oftmals verschwimmen die Grenzen zwischen vermeintlich nett gemeinten Phrasen und einer eiskalten Lüge.

Zum Beispiel bei Familienfeiern:

„Hab ich doch gern gemacht."

„Wie geht es euch denn?"

„Bis bald!"

Wenn wir unangenehme Verabredungen verschieben wollen:

„Bei mir brennt gerade die Luft."

„Ich hab da so einen Infekt im Anmarsch."

„Leider hat der Babysitter gerade abgesagt."

Oder beim Kinderarzt:

„Fernsehen? Höchstens ab und zu den Sandmann."

„Natürlich putzen wir den Kindern drei Minuten lang die Zähne."

„Bei der nächsten U-Untersuchung machen wir pünktlich einen Termin!"

Einen dieser Sätze haben Sie sicherlich auch schon einmal gesagt. Smalltalk gehört eben zum guten Ton. Nicht für jeden Erwachsenen sicheres Terrain, doch wir haben uns damit abgefunden, zumindest stets freundlich zu antworten. Routiniers haben viel geredet und dabei gar nichts gesagt. Kinder sagen einfach tatsächlich nichts. Und Sie ahnen es schon: Ich find's super! Was nützt mir ein freundliches „Gut siehst du aus!", wenn ich weiß, dass es nicht stimmt? Da wäre mir ein ehrliches „Oje, siehst du schlimm aus!" viel lieber. Dann weiß ich wenigstens, der andere sieht mich so, wie ich bin. Ob ich dann erzähle, was mir gerade diese Kummerfalten und Augenringe beschert oder ob ich die Situation einfach runterspiele, liegt ja dann wiederum in meinem Ermessen. Mit einem ehrlichen „Ja, es geht mir wirklich gerade nicht gut, aber ich möchte nicht darüber reden" wäre das Thema schnell abgehakt. Oder ich nutze die Gelegenheit und schütte mein Herz aus. Doch wir trauen uns und unserem Gegenüber die Wahrheit nur sehr selten zu. Wir wollen es am liebsten immer allen recht machen und auf keinen Fall anecken und unangenehm auffallen. „Wie schön, dich zu sehen!" ist auch so ein Satz. Gern auch in Kombination mit „Wir müssen uns unbedingt mal wieder treffen!" und „Ich rufe dich an!". Wenn ich behaupte, dass bei 70 Prozent dieser Dialoge keine Fortsetzung folgt, habe ich vermutlich sogar noch untertrieben. Wie viele Wahrheiten schlucken wir wohl täglich herunter und warum?

Einerseits wollen wir höflich miteinander umgehen und kleine Notlügen können dabei helfen, sich freundlich durch Gespräche zu lavieren und unschöne Diskussionen zu vermeiden. Nun ist so eine Notlüge ein sehr dehnbarer Begriff. Wo fängt sie an, wo hört sie auf? Kein Wunder, dass viele von uns auch schummeln, wenn es hilft, sich in einem besseren Licht darzustellen. Schließlich wollen wir jeden Tag sympathisch, teamfähig und kompetent wirken, da ist die Versuchung groß, ein wenig nachzuhelfen. Besonders verführerisch sind Telefonate. Während wir bei Face-to-Face-Kontakten Gefahr laufen, uns durch Mimik und Gestik zu verraten, können wir am Telefon wesentlich leichter lügen. Das Handy selbst ist ja schon eines der besten Alibis überhaupt. Das Display offenbart bereits vor Gesprächsbeginn, wer etwas von uns will, und gibt uns die Möglichkeit ranzugehen oder auch nicht. Selbst wenn wir uns mehrfach dem Gespräch entziehen, haben wir trotzdem alle Ausreden auf unserer Seite, um den abgewiesenen Gesprächspartner milde zu stimmen. Wir wären schließlich liebend gern ans Telefon gegangen, aber: Wir waren den ganzen Tag in einem Meeting/Haben das Telefon zu Hause vergessen/Konnten das Klingeln nicht hören, weil das Handy auf lautlos geschaltet war.

Und wer nichts zu sagen hat, schreibt eine SMS. So schön es ist, sich kurz und knapp zu informieren oder Bilder zu verschicken, so sehr verändert es unser Kommunikationsverhalten. SMS verleiten uns zu einer Sprache, die eher von hieroglyphischen Kürzeln dominiert wird als von menschlicher Wärme und wahrem Interesse. Vielleicht sagen Sie jetzt „N&" (Na und) oder „%-)" (Blödsinn), vielleicht auch „fg" (falsch gedacht), „BDPEW" (Bei dir piept's wohl) oder „===~~" (Ich gehe jetzt eine rauchen) oder „Ptmm" (Please, tell me more)? Okay, sehr gern.

Die neuen Technologien helfen uns dabei, miteinander in Kontakt zu bleiben. Denn der moderne Mensch ist mobil und arbeitet heute hier, morgen dort. Vernetzung und Kommunikation findet sehr oft virtuell via Skype, über Facebook und andere soziale Netzwerke statt. Ein Segen für zerstreute Familien, die nun an Sonntagnachmittagen miteinander Videonachrichten schauen, und alle Omas und Opas, die ihre Enkel aus der Ferne heranwachsen sehen. Gleiches gilt für

Freundschaften, die gute Chancen haben, über Kontinentalgrenzen hinweg bestehen zu bleiben. Für die Offline-Freunde in der Nachbarschaft sind die sozialen Medien jedoch mehr Fluch als Segen. Was hat man sich noch zu sagen, wenn online bereits alles (meist sogar mit Foto und/oder Video) erzählt wurde? Statt sich in der Mittagspause oder nach Feierabend zu treffen, durchstöbern wir Facebook und glauben, alles über unsere Freunde zu wissen. Manchmal sogar mehr, als uns lieb ist. Im „echten Leben" sehen wir uns manchmal über Wochen nicht und haben keine Ahnung, wie es den anderen wirklich geht. Was bleibt denn dann noch übrig von einer Freundschaft?

Reale soziale Netzwerke, die früher Halt gaben, lösen sich zunehmend auf: Vereine, Gewerkschaften und Kirchengemeinden verlieren stetig Mitglieder. Die Gesellschaft individualisiert sich. Die Nebenwirkung: Verlässlichkeit und Beständigkeit schwinden. Und das sehen wir auch an unserer Art zu kommunizieren. Gut, wir sind immer erreichbar und recht freundlich miteinander, aber eben auch sehr unverbindlich und manchmal sogar ignorant. Wir schmieden Pläne, von denen wir wissen, dass wir sie nicht umsetzen werden. Wir machen Komplimente, die wir nicht ernst meinen. Wir zeigen uns begeistert, obwohl wir es nicht sind. Wir heucheln Interesse und hören nicht einmal richtig zu. Wir kultivieren die Oberflächlichkeit aus Angst vor Verbindlichkeit. Wir verbannen zunehmend die Emotionen, die guten wie die schlechten, aus unserer Kommunikation. Was sich zunächst einfach, unverbindlich und befreiend anfühlt, macht uns auf lange Sicht unglücklich. Denn so sind wir weit entfernt von einem aufrichtigen Austausch, einer echten Verbindung zueinander, einer emotionale Kommunikation, die so unglaublich wichtig für dauerhaft gute Beziehungen zu anderen Menschen ist.

Lassen Sie uns wieder darauf achten, was wir fühlen und was wir brauchen. Darüber können wir viel von unseren Kindern lernen. Wenn sie an jemandem interessiert sind, öffnen sie ihr Herz und vergessen dabei Zeit und Raum. Wenn nicht, sind sie stumm wie ein Fisch. Manchmal schauen sie dann auch so. Das ist für uns vielleicht peinlich, aber dafür ist es ehrlich und sehr gesund – für beide Seiten.

Das Leben ist ein Nutellabrot – Nachschlag gefällig?

So selbstverständlich, wie ich entscheide, mit wem ich mich unterhalte, wann, wo und wie lange, so wenig gestehe ich oftmals meinen Kindern diese Freiheit zu. Gleichzeitig sehe ich mich so sehr im Recht, dass ich gar nicht erst versuche zu verstehen, warum sie so handeln. Wie immer möchte ich sie dazu bringen, dass sie alles so machen, wie ich das von ihnen erwarte. Der Psychologe Marshall B. Rosenberg hat sich damit beschäftigt, wie wir lernen, einfühlsamer miteinander zu sprechen, und hat dazu das Konzept der gewaltfreien Kommunikation entwickelt. Es hilft, Selbst- und Fremdwahrnehmung zu verbessern, und führt zu einer Grundhaltung, bei der eine wertschätzende Beziehung im Vordergrund steht.[32]

Vielleicht finden Sie Ihre Art zu kommunizieren überhaupt nicht gewalttätig. Achten Sie dennoch einmal genau auf die Wahl Ihrer Worte. Oft führen sie zu Verletzung, Leid oder Scham bei uns und bei anderen. Sätze wie „Du gehst mir auf die Nerven!“, „Wie blöd von mir!“, „Jetzt stell dich nicht so an!“ oder „Das sieht doch ein Blinder!“ kennt jeder von uns und verkennt gleichzeitig, was sie in uns und anderen bewirken können. Sie bewerten und beurteilen und haben dadurch etwas Trennendes. Aber wie sollen wir denn in echten Kontakt miteinander treten, wenn die Art und Weise, wie wir miteinander sprechen, uns gegenseitig auf Distanz hält?

Wer beim Sprechen darauf achtet, auch zuzuhören, wer sein Gegenüber als Gesprächs-Partner und nicht als Gesprächs-Gegner betrachtet, wer versucht zu kooperieren, gemeinsame Lösungen zu finden, statt stur auf seinem Standpunkt zu verharren, wer danach strebt, menschlich zu bleiben, selbst unter schwierigen Bedingungen, hat die Chance, Gewohnheiten und Automatismen zu durchbrechen und wieder ein Bewusstsein für empathische Kommunikation zu entwickeln. Denn das ist wichtig für eine dauerhaft gute Beziehung zu anderen Menschen. Auch zu den schwierigen. Schließlich sind wir größtenteils von Menschen umgeben, deren Anwesenheit wir nicht freiwillig gewählt haben. Wir sind gezwungen, miteinander auszukommen, und durch die meisten zwischenmenschlichen Beziehungen quälen wir uns mehr, als sie zu genießen. Arbeitskollegen, Vorgesetzte, Bekannte, Verwandte – sie alle können sehr anstrengend sein. Weil sie uns nicht verstehen, andere Ansichten oder andere Lebensgewohnheiten haben als wir etc. und uns die Auseinandersetzung mit ihnen viel Energie kostet. Durch gewaltfreie Kommunikation können wir lernen zu erkennen, was wir brauchen, und es auch klar auszusprechen, ohne den anderen zu verletzen. Denn darum geht es und das sollten wir auch so kommunizieren: „Was fühle ich?" Statt zu sagen: „Du hast dieses und jenes getan oder gesagt …"

Ich kann Ihnen nur empfehlen, es einmal selbst auszuprobieren! Die nächste schwierige Situation kommt bestimmt und dann werden Sie sehen, ob sich etwas verändert, wenn

Sie ganz bei sich bleiben. Fragen Sie sich zum Beispiel, was diese Situation mit Ihnen macht. Was fühlen Sie? Und dann, wenn Sie mögen, kommunizieren Sie diese Gefühle. Ihre Gefühle.

:-)
:-D
:-D
:-D
:-D
:-D
:-D

LOL

„Mama, darf ich dir mal alle Scherze erzählen, die ich kenne? Auch den von Fritzchen?“
Albrecht, 8 Jahre, erzählt seinen ersten Witz, einen Fritzchen-Witz!

„Von nun an hat alle Leichtigkeit ein Ende!“, schrieb ich wenige Tage nach der Geburt meines ersten Kindes in mein Tagebuch. Eine Erkenntnis, die mich wirklich eiskalt erwischte. Plötzlich wurde mir klar, welche Verantwortung ich trage, dass die Sorgen und Ängste um dieses Menschlein von nun an zu meinem Leben gehören und nie mehr aufhören werden, auch wenn wir beide längst grau und alt sind.

„Aber Kinder geben ja so viel zurück“, versuchten mich liebevolle Freunde aufzumuntern. Keine leichte Aufgabe. Auch später erkannte ich manchmal den Wald vor lauter Bäumen nicht und entgegnete nur: „Ach ja? Was denn? Unbezwingbare Wäscheberge, gemeine Legostolpersteine, Wachsmalstiftespuren an den Wänden und Kratzer auf dem Parkett?“ Ja, auch das geben mir meine Kinder zurück. Aber bin ich denn Mutter geworden, damit meine Kinder mir etwas zurückgeben? Vielmehr habe ich mich doch bewusst und von ganzem Herzen dafür entschieden, ihnen einen Platz in meinem Leben zu schenken und für sie da zu sein. Bloß gut, dass wir erst nach und nach erfahren, was das eigentlich genau bedeutet.

„Wann kommen endlich die lustigen Geschichten?", fragen Sie sich jetzt vielleicht. Wir sind schon mittendrin. Denn nie war mein Leben lustiger als jetzt mit meinen Kindern. Zum Glück hat jede Geschichte zwei Seiten! Allein das Sortieren der Schmutzwäsche ist dank der prall gefüllten Hosentaschen meines Sohnes eine Mischung aus Flohmarkt, Kuriositätenkabinett und Goldgräberstimmung. Die piksenden Plastiksteine in jeder Ecke unserer Wohnung (oder in meinen Schuhen) zeigen mir, wie viel Leben jetzt unter diesem Dach zu Hause ist. Kritzelbilder an den Wänden und ruiniertes Parkett sind unglaublich ärgerlich, liefern jedoch jene Anekdoten, die wir noch unseren Enkelkindern erzählen werden. Und wir werden uns die Bäuche halten vor Lachen, welch komische Sachen die Kinder so angestellt haben.

Denn wenn es um Spaß geht, sind sie uns einen gewaltigen Schritt voraus. 400, um genau zu sein. Denn so oft lachen Kinder jeden Tag, 26-mal öfter als wir Erwachsenen.[33] Doch kein Grund zur Sorge, schließlich gibt es Lachseminare, Lachyoga und Lachschulen. Und wem das noch nicht fundiert genug ist, der wird Gelotologe, also Lachforscher, und kann sich dann ganz ernsthaft wissenschaftlich mit der guten Laune beschäftigen.

Mal ehrlich, was soll schon gut daran sein, sich albern auf die Schenkel zu klopfen, kreischend den Kopf in den Nacken zu werfen, während die Gesichtszüge in unkontrollierbare Grimassen entgleisen und der ganze Körper sich krümmt und zuckt? Es ist gesund! Lachen erweitert die Blutgefäße und hält sie elastisch. Wir atmen mehr, was unser Herz stärkt, die Kondition verbessert und unser Gehirn und die Organe mit mehr Sauerstoff versorgt. Und es macht schlank! Wenn wir lachen, sind viele Muskeln aktiv und der Stoffwechsel wird angeregt.[34] Wissenschaftler behaupten, eine Minute lachen sei so gesund wie 45 Minuten Entspannungstraining.

Was einleuchtet, denn in dem Moment, in dem wir herzhaft lachen, denken wir an nichts. Wir sind ganz und gar im Augenblick und hecheln Sauerstoff in unsere Lungen, als wären wir auf der Flucht. Sind wir ja irgendwie auch. Auf der Flucht vor dem Ernst des Lebens, vor dem Alltag und auf dem Weg zu Albernheit und Kreativität und vielleicht sogar dahin, wo Träume wahr werden. Denn einige Erfolgsgeschichten klangen im ersten Moment auch ziemlich albern. Zunächst kommentiert mit „Stell dir mal vor …" oder „Man müsste mal …" werden sie als Schnapsideen in die Welt gesetzt. So wurde zum Beispiel im November 1902 in Paris der Grundstein für eines der bedeutendsten Sportereignisse der Welt gelegt. Der französische Verleger Henri Desgrange wollte etwas gegen die sinkenden Verkaufszahlen seiner Autozeitschrift unternehmen und ließ sich auf die wahnwitzige Idee des jungen Redakteurs Géo Lefèvre ein: eine Frankreichrundfahrt mit dem Fahrrad in mehreren Etappen – der Tour de France.[35] 100 Austragungen später, mit 198 Fahrern aus 34 Nationen, zeigt sich wieder einmal: Wer zuletzt lacht …

Der Belgier Gérard Blitz hatte 1950 im Zelturlaub auf Korsika ebenfalls sehr viel Spaß. Er amüsierte sich so gut, dass er sich zum All-inclusive-Urlaub mit Animationsprogramm inspirieren ließ. Er bestellte 200 Armee-Zelte, errichte das erste Club-Dorf auf Mallorca und fertig war sein Erfolgskonzept Club Méditerranée. 60 Jahre später betreibt „Club Med" schon 80 Resorts auf fünf Kontinenten.[36]

Die Erfolgsgeschichte von mymuesli begann im Auto. Auf dem Weg zum Badesee – natürlich! Max, Hubertus und Philipp gingen 2007 mit ihrer Idee vom selbst gemixten Biomüsli online und sind seitdem preisgekrönt und sprichwörtlich in aller Munde.[37]

Ein fröhlich-lustiges Leben lohnt sich also nicht nur aus gesundheitlicher, sondern sogar aus beruflicher und finanzieller Sicht. Aber scheinbar ist uns die Lust am Lachen vergangen. Selbst spaßige TV-Shows gehen inzwischen auf Nummer sicher und animieren ihre Zuschauer mit Gelächter aus der Konserve. Sind wir denn schon so abgebrüht, dass wir von allein nichts mehr komisch finden, oder sind wir einfach aus der Übung? Vielleicht geht es uns auch zu gut und wir brauchen den kleinen Witz zwischendurch als Flucht vor den Gespenstern des Alltags nicht mehr. Mich hat zumindest schon lange niemand mehr gefragt: „Kennste den schon …?“ Zumindest kein Erwachsener. Aber Lotta, die siebenjährige Tochter meiner Freundin: Da will ein Kind die Ferien nicht mit der Oma verbringen, weil diese nie etwas anhat. Die Eltern horchen auf und fragen nach: „Wie, die Oma hat nichts an?“ – „Ja, die sitzt auf dem Sofa und hat überhaupt nichts an. Keinen Fernseher, kein Radio, keinen Computer, gar nichts.“

Die Lachforschung und unsere Kinder zeigen, dass die einfache Gleichung Mensch plus Witz gleich Lachen sich beliebig erweitern lässt. Es gibt also Hoffnung für uns Erwachsene in den fröhlichen Graustufen der Kommunikation. Sie reichen von einem freundlichen Lächeln bis zum schreikomischen Kreischalarm. Letzteres gibt es bei uns Erwachsenen meist nur ab einem gewissen Alkoholpegel, was vielleicht auch nicht so schlimm ist. Vielleicht versuchen wir für den Anfang erst einmal wieder das freundliche Lächeln. In dem Moment, in dem wir die Mundwinkel nach oben ziehen, durchflutet uns bereits ein wonniges Glücksgefühl. Und alles scheint plötzlich etwas von seiner Schwere und Melancholie zu verlieren. Und ab hier ist es schon gar nicht mehr weit bis zum Lachen, und dann ist sowieso alles wieder nur noch halb so schlimm! Fortgeschrittene können sich dann auch an so etwas wie Lachen-über-sich-Selbst heranwagen. Kinder sind große Fans von Slapstick und können sich kringeln vor Lachen, wenn jemand stolpert, ausrutscht oder aus einem anderen unerwarteten Grund komisch aussieht. Aber sie lachen auch herrlich mit, wenn sie selbst der Anlass sind. Der „Drehwurm", echt und nachgeahmt, ist bei meinen kleinen Komikern zum Beispiel Dauerbrenner auf dem Spielplatz. Wie gesagt, bei uns Erwachsenen nur für fortgeschrittene Humoristen zu empfehlen.

Leichter ist da schon das Flirten, obwohl die Grenze zum Slapstick manchmal sehr fließend verläuft. Doch selbst das können unsere Kinder besser als wir Erwachsenen. Flirten ist nichts anderes als die verspielte Art der Kontaktaufnahme, und da sind Kinder nun einmal natürlich und unbefangen. Gefällt ihnen jemand, dann verschenken sie großzügig ihr Lächeln und gehen sogar auf diese Person zu, ohne wie wir lange darüber nachzudenken, was sie denn sagen könnten und ob das, was sie dann sagen, klug, lustig oder cool klingt. Angst vor einem Korb kennen sie nicht, Kinder legen einfach los. Gern auch mit weit geöffneten Armen und für den verdutzt dreinschauenden Erwachsenen mit deutlicher Aufforderung: „Kuscheln!" Manche finden das bezaubernd, andere sind vielleicht genervt, doch die Kinder juckt das ganz und gar nicht. Sie haben entweder jemanden zum Spielen gefunden oder sind um eine Erfahrung reicher. Denn auch Flirten will gelernt sein. Früh übt sich.

***

Humor rangiert bei beiden Geschlechtern ganz oben, wenn es darum geht, welche Merkmale den zukünftigen Partner ausmachen. Nicht nur in der Liebe haben es fröhliche Menschen leichter. Auch im Job. Lachen ist mehr als nur soziale

Dekoration, es ist ein wichtiger Teil unserer Kommunikation und Interaktion. Wir zeigen damit: Ich bin dein Freund und überhaupt nicht gefährlich. Ich habe Spaß, wenn wir zusammen sind. Und so ist der gemeinsame Humor auch ein wichtiges verbindendes Element. Momente, in denen wir Spaß miteinander haben, bleiben uns besonders lange im Gedächtnis und jede Erinnerung daran festigt diese Verbindung. Aber leider sind wir meist viel zu cool, um offen zuzugeben, was wir einander bedeuten. Es könnte ja sein, der andere sieht das nicht so, und dann sehen wir alt aus. Doch auch hier könnte uns das Lachen weiterhelfen. Ist es doch eine großartige Möglichkeit, unangenehme Situationen aufzulösen.

Ach übrigens, der brandneue Witz meines Sohnes: „Fritzchen geht mit Oma spazieren und hebt einen Stein von der Straße auf. Die Oma schimpft und sagt, er soll nicht alles aufheben, was auf der Straße liegt. Wenig später stolpert die Oma und fällt hin. Sie möchte, dass Fritzchen ihr wiederaufhilft, doch der antwortet: „Aber Oma, was auf der Straße liegt, darf man nicht aufheben!“ Der Brüller, oder? Mein Sohn hat sich, wie gefühlt hundert Generationen vor ihm, über seinen neuen Witz schlapp gelacht. Unwiderstehlich ansteckend! Und wie wir jetzt wissen: ungemein entspannend.

Wirklich komisch wiederum ist der Weltlachtag am ersten Sonntag im Mai. So etwas kann sich wirklich nur ein Erwachsener ausdenken. Wir haben das Lachen so sehr aus unserem Alltag verbannt, dass wir wenigstens einmal im Jahr ganz offiziell kichern müssen. Eher traurig als komisch. So nah liegt das eben beieinander. Einen noch: Treffen sich zwei Bomben im Keller. Sagt die eine, lass mal hochgehen …

Das Leben ist ein Nutellabrot – Nachschlag gefällig?

Mit einem Lächeln lässt sich vieles leichter ertragen. Schwierige Yogapositionen zum Beispiel oder Spinat zwischen den Zähnen, den man erst im Anschluss an das wichtige Meeting entdeckt. Grundsätzlich sind unser Umgang mit Humor und unser Empfinden für Lebensfreude nicht nur ein wichtiges Indiz für unsere seelische, sondern auch für unsere körperliche Verfassung.

Denken Sie zum Beispiel einmal daran, wie Sie sich in glücklichen Momenten verhalten. Sie lachen und singen, vielleicht pfeifen Sie sogar eine Melodie. Alles scheint Ihnen leicht und beschwingt von der Hand zu gehen. Sie teilen Ihr Glück gern mit anderen Menschen und verdoppeln Ihre Freude mit Leichtigkeit. Sind Sie jedoch krank, schleppen Sie sich schwerfällig durch den Tag. Das Leben scheint zu laut und zu viel, nichts will schmecken oder gelingen. Die Schultern hängen, der Rücken ist krumm und der Blick gesenkt. Andere Menschen sind eher eine Belastung als eine Bereicherung, selbst wenn sie es noch so gut meinen. Man muss nicht immer offensichtlich „krank" sein und trotzdem kann sich das Leben genau so anfühlen.

Und nun achten Sie einmal darauf, wie es Ihnen in diesem Moment geht. Wann haben Sie das letzte Mal gesungen und getanzt, großzügig geteilt, genussvoll gegessen und Gemeinschaft genossen? Und dann fragen Sie sich noch einmal: Wie geht es Ihnen jetzt, in diesem Moment? Und wie möchten Sie, dass sich Ihr Leben anfühlt?

EINSTEIN JUNIOR

„Meinst du, die sind gestorben?“
Robert, 5 Jahre, während er die drei reglosen Käfer in seiner Becherlupe durchschüttelt

Ich sage „Forscher“ und Sie sagen? … Naturwissenschaftler? Techniker? Mathematiker? Oder vielleicht Mediziner? Ein Kleinkind sagt vermutlich: „Mmpfschigglschmüpfmn.“ Wir könnten besser verstehen, was es meint, hätte es nicht gerade eine Hand im Mund, um seine neuen Zähne einer gründlichen Inspektion zu unterziehen. So sieht's nämlich aus: Während für uns Forschung etwas Hochakademisches, Steriles, Wissenschaftliches ist, wofür man viel Zeit und teure Apparate braucht, sind unsere Kinder schon mitten im Experimentieren. Sie haben Kürbisbrei zwischen den Fingern, verteilen Brotkrümel sorgfältig auf und unter dem Tisch und lassen ihre Trinkflasche immer wieder herunterfallen. Für uns Erwachsene sieht das aus wie das ganz normale Mittagessendesaster. In Wirklichkeit handelt es sich aber um das Experimentierfeld eines Babys. Es wird begutachtet, abgeschleckt, zerbissen, geknetet, geworfen, gekniffen und gezerrt, was ihm in die Quere kommt. Mit Oberflächlichem, Augenscheinlichem geben sich die kleinen Forscher nicht zufrieden. Sie suchen nach Erkenntnissen und wollen herausfinden, wie etwas schmeckt, riecht und sich anfühlt, welche Konsistenz es hat und welche Kräfte wirken müssen, um es zu zerstören. Dabei gehen sie erstaunlich geduldig und methodisch vor: Beobachtung – Hypothese – Experiment – Analyse – Bericht.

Forschung ist für Kinder überall. Denn es gibt so vieles zu entdecken und noch viel mehr zu erforschen, selbst auf dem kurzen Weg zum Bäcker um die Ecke. Da sind Pfützen mit badenden Spatzen, wackelige Steine im Fußweg, kleine Pflänzchen in den Ritzen dazwischen, Spiegelungen in der Schaufensterscheibe, und all das weckt den kindlichen Forschergeist, die Suche nach neuen Erkenntnissen. Manchmal lassen sich sogar die Erwachsenen begeistern. Die wirklich rätselhaften Entdeckungen ignorieren sie jedoch oftmals oder scheinen sie einfach nicht zu verstehen.

Aufgeben ist für Kinder keine Option, und so machen sich die kleinen Forscher wissbegierig ans Werk: Der Entdeckung, meist auf dem Fußweg oder im Sandkasten, folgt die Hypothese. Vermutlich handelt es sich bei dem Fundstück um ein wichtiges Dingens eines Erwachsenen. Hmm. Das Experiment beginnt mit einer ausführlichen Betrachtung. Drehen, wenden und mit Fingernägeln reindrücken hilft auch nicht, also Mundprobe. Ist kalt, hart, scharfkantig und schmeckt eklig, also lieber wieder schnell raus aus dem Mund. Geschmack nachwirken lassen – wirklich supereklig. Bisschen so, wie wenn's im Mund blutet. Erneutes Betrachten offenbart plötzlich auf der anderen Seite ein Bild. Die Analyse bringt folgendes Ergebnis: Entweder handelt es sich bei dem Fundobjekt um ein kleines, sehr kaputtes Rädchen, die zerdrückte Krone eines Zwergenkönigs oder, und das ist das Wahrscheinlichste, das Trinkschälchen einer Ameisenkolonne, eventuell beschädigt. Juhu, schnell einem Erwachsenen darüber berichten. Die Antwort: Ja, schön! Schaut weiter auf das Display seines Telefons. Also lieber mit anderen Kindern die Ergebnisse besprechen und auf den phänomenalen Fund aufmerksam machen. Hey, schaut mal her, ist doch ein tolles Dings, oder?

Wie großartig es sich anfühlt, etwas Neues zu entdecken, wissen wir selbst. Denn allein die Entdeckung von etwas Neuem ist für unser Gehirn eine angenehme Erfahrung. Forscher der Universität Magdeburg fanden heraus, dass unser Belohnungszentrum mit dem Sinneseindruck, den etwas Neues hinterlässt, fest verbunden ist. Die Neurologen schließen daraus, dass wir von Natur aus Entdecker sind. Nun hält sich bei uns Erwachsenen die Begeisterung für schmutzige, klebrige Fundstücke eher in Grenzen. Irgendwann haben wir auch ergoogelt, welche Vögel wann nach Süden fliegen, wie lange es dauert, bis eine Kaulquappe zum Frosch wird und warum Pferde im Stehen schlafen. Wir haben mit unseren Kindern in der Becherlupe ein Mini-Terrarium gebaut, Salzkristalle gezüchtet, Obstsäfte zu Speiseeis gefroren und mit den Sonnenblumenkernen aus dem Müsli den Balkon bepflanzt.

Was bleibt uns Erwachsenen zu erforschen? Was reizt uns, über den Ist-Zustand hinaus, mehr zu erfahren? Wo lohnt es sich, genauer hinzuschauen, auf den Grund zu gehen und zu analysieren? Wo, wenn nicht bei uns selbst? Wann haben Sie das letzte Mal ernsthaft Ihre eigenen Bedürfnisse, Wünsche und Ziele unter die Lupe genommen? Bin ich auf dem richtigen Weg? Was ist eigentlich mein Weg? Werden Sie zum Forscher in eigener Sache! Was möchten Sie erreichen? Wo wollen Sie hin und wie wollen Sie sich dann fühlen? Fragen, für die es sich immer lohnt, nach Antworten zu suchen, unabhängig von Alter und Bildungsgrad. Vielleicht gehören Sie zu den Menschen, die rundum glücklich und zufrieden sind. Vielleicht sagen Sie ja auch: Was soll das ganze Suchen und Fragen? Morgen früh stehe ich ja doch wieder auf, gehe zur

Arbeit und mache meinen Job. Dann ist das eben so. Wer versucht, den Dingen auf den Grund zu gehen, läuft Gefahr, sich die Finger schmutzig zu machen und ekligen Staub aufzuwirbeln. Wer will schon erkennen, wie viel Zeit wir mit dem falschen Job verbringen? Wer will sich schon freiwillig aus einer bequemen Situation herauslösen, wenn unklar ist, was die Zukunft bringt? Oder zu einer Erkenntnis gelangen, die uns quasi von den Socken haut? Kann ich total verstehen. Blättern Sie einfach weiter zum folgenden Kapitel und versuchen Sie, bei der nächsten Erkundungstour eines Kindes nicht allzu genau hinzusehen.

Allen anderen rate ich: Machen Sie sich die Finger schmutzig und graben Sie tiefer! Dringen Sie Schicht für Schicht weg von der Oberfläche und vor zu Ihren Wünschen und Bedürfnissen und erkunden Sie Ihre Ziele. Wir alle tragen einzigartige Fähigkeiten in uns und wir brauchen kein Hightech-Labor, um sie zu analysieren. Nur Zeit, uns selbst und unsere Bedürfnisse zu erforschen, und den Mut, die daraus resultierenden Ergebnisse ernst zu nehmen und den Weg auch weiterzugehen. Das ist manchmal beängstigend, ich weiß, und meist auch sehr unbequem, aber wenn wir diesen Weg mit Leidenschaft gehen, liebevoll und aufmerksam, dann werden sich endlich das Glück und die Zufriedenheit einstellen, die wir so sehr vermissen.

Hören Sie auf, gedankenlos und unmotiviert in den Tag hineinzuleben und Zeit mit Dingen zu verbringen, die Ihnen nicht wirklich etwas bedeuten. Finden Sie heraus, was Ihr Ziel ist, denn ohne Ziel gibt es auch keinen Weg. Wo sehen Sie sich zum Beispiel in einem, in drei oder in zehn Jahren – beruflich und privat? Welche Fähigkeiten würden Sie gern nutzen? Was müssen Sie verbessern oder beibehalten, um dahin zu kommen? Und ganz wichtig: Wie wollen Sie sich fühlen? Wie soll sich Ihr Leben anfühlen? Welche Prioritäten möchten Sie setzen? Welche Werte sollen Ihren Weg lenken? Freuen Sie sich jeden Tag auf Ihren Arbeitsplatz und empfinden Sie den Lohn am Ende des Monats als gerechtfertigt? Haben Sie ausreichend Zeit für Freunde und Familie? Welche Verpflichtungen geben Ihnen Sicherheit und welche setzen Sie unter Druck und führen zu Stress? Forschen Sie geduldig und ehrlich nach Antworten auf diese und ähnliche Fragen, und Sie finden Ihren persönlichen Weg ins Glück. Und denken Sie daran: So wenig, wie es alltägliche Situationen gibt, so wenig gibt es alltägliche Fragen. Es lohnt sich also hinzuhören, nachzuspüren, zu analysieren und zu reflektieren.

Die meisten von uns sind auf der Suche – nach dem Sinn des Lebens, der großen Liebe, der sexy Figur oder einer erfüllenden Aufgabe. Und wir suchen sie meist an allen möglichen Orten, bei allen erdenklichen Personen: Freunde, Partner, Eltern, Kollegen sollen Rat geben. Life- oder Businesscoaches sollen Ziele aufzeigen. Psychiater sollen Wunden heilen. Gurus und Idole sollen Lösungswege offenbaren. Horoskope die Zukunft voraussagen. Dabei liegen alle Antworten bereit. Nicht weit weg bei irgendwelchen Experten, wir tragen sie in uns und müssen sie nur erforschen. Wie wär's? Weiß steht Ihnen bestimmt ausgezeichnet, also werfen Sie sich den Laborkittel über und los geht's!

Das Leben ist ein Nutellabrot – Nachschlag gefällig?

Um das, was im Raum schwebt, greifbar zu machen, kann ein Vision Board helfen. Eine kleine Pinnwand oder Collage mit Zielen und Wünschen. Ein greifbares Werkzeug, um Ihre Ziele zu visualisieren, zu erforschen und schlussendlich auch zu erreichen. Blättern Sie in aller Ruhe durch Kataloge, Magazine und Zeitschriften und schneiden Sie die Bilder aus, die Sie emotional ansprechen und berühren. Achten Sie darauf, welche Abbildungen welche Emotionen auslösen. Kind, Haus, Garten, Tropenurlaub? Designerkleidung, teure Möbel oder Autos – berührt Sie das oder nicht? Was ist mit Natur, Menschen und exotischen Ländern? Beim Anblick welcher Bilder schlägt Ihr innerer Geigerzähler aus? Was ruft Ihre Emotionen wach, erzeugt physische Reaktionen wie Kribbeln im Bauch, erhöhte Pulsfrequenz, atemloses Staunen? Genau diese Bilder schneiden Sie aus und kleben sie auf ein Stück Papier – auf Ihr Vision Board. Dadurch entsteht eine Collage Ihres Wunschlebens, so, wie Sie es gestalten wollen. Diese Collage wird Ihr Leben nicht verändern, aber die Kraft der Vorstellung kann es. Jeder von uns trägt tief in sich bestimmte (materielle) Wünsche, Erlebnisse und Träume. Wer ein Vision Board kreiert, hat sich dafür entschieden, diese Dinge aufzuspüren und an die Oberfläche zu holen – mit dem festen Vorsatz, diese Visionen real werden zu lassen.

Wundern und nachspüren gehört dazu. Und dann? Ganz Wissenschaftler: Arbeit abschließen. Verstauen Sie Ihr Vision Board, lassen Sie Ihre Träume los, räumen Sie den Verstand wieder leer und statt permanent darüber nachzudenken, was

Sie sich alles wünschen, machen Sie einen Haken dran. Die anfängliche Konzentration hilft uns dabei, „Suchbilder" zu erschaffen. Das wieder Loslassen und die Entspannung danach sind wichtig, um unsere Aufmerksamkeit wieder auf das Jetzt zu lenken. Keine Sorge, Ihr Unterbewusstsein hat alles abgespeichert und wird Ihnen helfen, Ihre Chancen zu erkennen. Betrachten Sie es als Experiment und finden Sie Ihren Weg, damit umzugehen. Wenn Sie erst Ihre Ziele kennen, werden Sie auch Ihren Weg dahin finden. Sie wissen, was Sie wollen? Sehr gut. Dann handeln Sie ab jetzt danach!

VORHIN
JETZT
GLEICH
DANN
SPÄTER

VERZEIHEN IM REKORDTEMPO

„Bist du mir noch böse?"
Kristin, 7, versucht mit der festen Umarmung ihrer Klassenlehrerin den Tadel wiedergutzumachen.

Sollten Sie keine oder noch sehr kleine Kinder haben, wird Sie dieser Gedanke vielleicht schockieren, aber früher oder später wird jedem Elternteil schon einmal ein „Ich hasse dich!" vom Nachwuchs ins Gesicht geschrien. Weil es doch keine zweite Eiskugel gibt, Zähneputzen indiskutabel ist, der Fernseher ausgeschaltet bleibt oder das „Mensch ärgere dich nicht"-Spiel eine ungünstige Wendung nimmt. Aber weil Kinder so unglaublich gut im Lieben sind, steht es auch mit dem Verzeihen bestens. So schnell, wie die Gewitterwolken aufziehen, verfliegen sie auch wieder. Streiten und Verzeihen gleichen einem 60-Meter-Sprint: Erst wird alles gegeben, aber mit dem letzten wütenden Wort ist der Streit auch schon wieder beendet. Vorbei ist vorbei und nach zwei, drei tiefen Atemzügen haben sich alle wieder lieb.

Bei uns Erwachsenen gleicht ein Streit eher einem Marathon: Obwohl wir unsere Kräfte gut einteilen und Strategien verfolgen, sind wir danach fix und fertig. Tagelanger „Muskelkater" ist keine Seltenheit. Manche erholen sich nie wieder richtig davon. Die Friedliebenden unter uns versuchen einen Streit „beizulegen“, was jedoch so viel heißt wie ihn zu „archivieren“. Richtig gelöscht wird er nicht und bleibt jederzeit abrufbar, erneut streitbar. Und bei so manch einem bleiben die Fronten unwiderruflich verhärtet. Statt gemeinsam nach einer Lösung zu suchen, werden Wut, Hass und Aggression aufrechterhalten – zwischen Freunden und Expartnern genauso wie innerhalb der Familie.

Schwer ist es, wenn sich die Emotionen überschlagen. Nicht nur im Streit, auch wenn Gefühle missachtet und verletzt, Erwartungen enttäuscht oder Verabredungen nicht eingehalten werden. Es gibt viele Gründe, warum wir einander um Verzeihung bitten sollten. Doch das ist wahre Schwerstarbeit. Denn um Verzeihung zu bitten bedeutet, die eigene Fehlbarkeit einzugestehen, Niederlagen anzunehmen, Schuld zu (er)tragen, die Fehler bei sich selbst zu suchen und zu erkennen und die Verantwortung für sie zu übernehmen. Es bedeutet, seine eigenen Schwächen zu akzeptieren und vor dem Gegenüber zu offenbaren, sich verletzlich zu zeigen und darauf zu vertrauen, dass der andere es anerkennt und nicht ausnutzt. Dazu gehört auch, das emotionale Spielfeld reinzuwischen, in der Hoffnung, der andere macht das auch. Die Angst vor Enttäuschung schwingt immer mit. Kinder sind sich unserer Liebe gewiss, sie stellen nicht alles und jeden infrage und haben es da leichter. Wir Erwachsenen hadern mit uns und zweifeln an den anderen. Und so wird das Verzeihen zum Egotrip. Wir bleiben uneinsichtig, um uns so etwas wie Schwäche oder fehlerhaftes Verhalten nicht eingestehen zu müssen. Lieber stärken wir unser Selbstbewusstsein auf fremde Kosten. Hier zeigt sich sehr deutlich, dass wir nicht so unfehlbar sind, wie wir gerne wären und wie wir uns so gern nach außen geben. Nach dem Motto „Bloß nicht das Gesicht verlieren, egal ob der andere recht hat.“ Doch zu welchem Zweck? Wozu sollten wir hartnäckig unseren Standpunkt verteidigen, den äußeren Anschein wahren, uns unfehlbar geben? Gibt es eine Alternative zum Verzeihen und um Verzeihung zu bitten?

Was würde passieren, wenn niemand jemals über seinen Schatten springen würde? Weder Tat noch Täter würde vergeben und unsere Wunden hätten keine Chance auf Heilung. Ohne Verzeihen gibt es nur Schmerz und Trauer, Verbitterung und Enttäuschung, Hass, Wut und Rachegefühle. Wow, eine ganze Menge übler Gestalten. Manche Menschen tendieren eher dazu, sich zurückzuziehen. Andere greifen an. Egal ob stiller Liebesentzug oder wildes Säbelrasseln, oftmals geht es darum, den anderen zu bestrafen.

Ich weiß, Sie hören das jetzt nicht gern, aber natürlich wissen Sie es schon längst selbst: Mehr als den anderen trifft diese Bestrafung am meisten uns selbst. Jeder unserer Gedanken wirkt sich auf unseren Körper und unsere Gefühle aus. Nicht ohne Grund spiegeln das Gesicht, die Körperhaltung, sogar die Hände im Alter unseren Charakter, unser Leben wider. Nachtragende Gedanken ziehen nicht nur die Mundwinkel nach unten, sie bringen uns regelrecht aus dem Gleichgewicht und können sogar Krankheiten verursachen. Jedes „Das kann ich einfach nicht verzeihen!“ oder „Das kann er sich aber abschminken!“ hockt tief in unserem Körper und macht ihn sauer und steif. Wir sagen dem anderen, wie „sauer“ wir auf ihn sind, und spüren das im Nacken, in den Schultern, im Rücken und im Herzen, wir fühlen uns erschöpft und angespannt, haben Kopf- und Magenschmerzen oder Schlafstörungen. Doch wie gesagt: Verzeihen und um Verzeihung zu bitten ist Schwerstarbeit, ein Workout für die Seele. Aber tägliches Training lohnt sich. Der Blutdruck senkt sich, das Immunsystem wird gestärkt und wir sind einfach wesentlich zufriedener.

Niemand macht gern Fehler und doch ist keiner von uns unfehlbar. Keiner mag gern streiten und um Verzeihung bitten erst recht nicht. Nicht streiten und immer alles vergeben geht aber auch nicht, da sind wir uns wohl einig. Und nun? Trainieren! Auf geht's zum Workout für die Seele, denn das ist so wichtig für unsere Beziehungen wie eine gute Streitkultur. Also raus mit den negativen Gedanken und auf zum Training!

Als „Warm-up" empfehle ich Ihnen, Verständnis füreinander zu entwickeln. Denn wenn wir davon ausgehen, dass wir Menschen in unseren Grundbedürfnissen – wie Essen, Trinken, Schlafen, Sicherheit, Liebe, Wärme, Zuneigung, Kommunikation, Respekt – einander sehr ähnlich sind, fällt es uns auch leichter, einfühlsam miteinander umzugehen. Der andere ist dann kein Buch mit sieben Siegeln mehr, denn im Zweifel fühlt er sich genauso wie ich. Meist führen simple Missverständnisse und Kleinigkeiten zu den größten Tragödien. Setze ich jedoch Liebe und Respekt voraus, weiß ich: der andere wollte mir garantiert nicht wehtun, maximal sein Revier verteidigen – so wie ich. Also nicht weichgespült alles schönreden, sondern echtes Interesse am „Gegner" zeigen und ihn ernst nehmen.

Weiter geht es mit einer kleinen Übung zur Koordination: Wechseln Sie in schwierigen Situationen auch einmal die Perspektive. Wir neigen dazu, auf Meinungen und Standpunkten zu verharren, und merken meist gar nicht, wie wir uns damit verrennen. So tief, dass wir nicht mehr aus unserem „Graben" herausschauen können. Versuchen Sie immer, Ihren Horizont für andere Ansichten zu öffnen, um sie zu durchdenken und Ihre eigenen zu reflektieren. Betrachten Sie den jeweiligen Konflikt wie in einem Spiegelkabinett aus verschiedenen Perspektiven und auch wenn es im ersten Moment nicht danach aussieht: Es gibt immer einen Ausweg.

Dann rate ich zu einem ausgiebigen Krafttraining: Das heißt in diesem Fall, Ihre Akzeptanz für sich selbst und die anderen zu stärken. So bin ich und so ist der andere und das sind unsere Ansichten und Standpunkte. Den eigenen Standpunkt immer unter den Tisch zu kehren und sich in der Auseinandersetzung einfach wegzuducken ist keine Lösung. Jeder sollte zu seiner Meinung stehen, aber auch die des anderen respektieren können.

Das ist natürlich anstrengend und fühlt sich häufig eher unbequem an, aber nur so können wir uns gegenseitig bereichern und inspirieren. Wir werden nicht allen Menschen immer liebevoll und zugewandt begegnen können, dafür sind wir alle viel zu verschieden. Umso wichtiger ist es, diese Unterschiede und Gemeinsamkeiten zu akzeptieren und zu tolerieren und sich nicht gegenseitig verändern zu wollen. Jeder von uns ist einzigartig mit individuellen Stärken und Schwächen, Erfahrungen und Kenntnissen. Sich darüber auszutauschen kann wertvoll sei. Sich darüber zu streiten bringt keinem etwas. Wut und Aggression sind ganz schlechte Ratgeber, denn dann ist Enttäuschung vorprogrammiert.

Und das führt zu einem weiteren wichtigen Trainingselement, der Ausdauer: Man beginnt, über den Konflikt zu reden. Die jeweiligen Argumente aneinander zu schärfen schafft Fortschritt und führt Wort für Wort die bestmögliche Lösung herbei. Jeder lässt den anderen an seinem Standpunkt teilhaben. Wirkliches Interesse an der Position des anderen bringt Licht ins Dunkel und macht die Suche nach einer gemeinsamen Lösung einfacher. Und sei es auch nur der allerkleinste gemeinsame Nenner. Dazu gehört einerseits die Bereitschaft, sich ehrlich zu öffnen, und andererseits, genau zuzuhören. Das gilt für das gesprochene Wort genauso wie für die Körpersprache meines Gegenübers, also nicht nur das, was gesagt wird, sondern auch wie es gesagt wird.

Den Abschluss eines fundierten Workouts bildet stets das Training der Beweglichkeit – auch wenn wir üben zu verzeihen: Denken Sie daran, viele Wege führen nach Rom. Also bleiben Sie geschmeidig. Vielleicht sind Sie im Unrecht? Vielleicht der andere? Eventuell sogar alle beide? Möglich ist alles. Wie oft betrachten wir ein und dasselbe Bild und sehen doch alle etwas anderes? Unsere Wahrnehmung ist geprägt durch unsere Erfahrungen und die sind nun einmal grundverschieden. Jeder von uns ist einzigartig und in ständigem Wandel – manche mehr, manche weniger. So wie Wege sich kreuzen, trennen sie sich auch wieder, Freundschaften und Liebesbeziehungen brechen auseinander. Das ist keine Schande, kein Scheitern und kein Drama, sondern das Ende eines Zyklus. Der umso mehr genossen und positiv erinnert werden kann, wenn wir in Frieden und Liebe auseinandergehen. Was sich keineswegs ausschließt. Im Gegenteil: Wieso sollte dort nur noch Hass bleiben, wo vorher so viel Liebe war?

Wenn wir das beachten, ist das Verzeihen selbstverständlich. Wer verzeiht, zeigt sich als Menschenfreund. Wer verzeiht, macht sich frei von Vorurteilen. Wer verzeiht, ist offen und bereit für echte Begegnung und kann sich unvoreingenommen auf andere Menschen, Situationen und Gelegenheiten einlassen. Eine neue Liebe ist dann möglich. Eine Freundschaft bekommt ihre Chance, eine Familienfeier wird wieder zur Freude und ist nicht länger Schreckgespenst, weil keiner weiß, wie man sich begegnen wird.

Streiten Sie mit Lust und viel Gefühl. Fechten Sie Meinungsverschiedenheiten aus und debattieren Sie, bis Ihre grauen Zellen glühen. Behalten Sie jedoch immer das gemeinsame Ziel im Auge. Atmen Sie tief durch und lassen Sie Auseinandersetzungen nicht zu einem kräftezehrenden Marathon werden.

Das Leben ist ein Nutellabrot – Nachschlag gefällig?

Meist sind es ja gar nicht die großen Tragödien, die es zu verzeihen gilt, sondern die kleinen Missverständnisse und Stolpersteine des Alltags: Immer muss ich für die ganze Familie mitdenken! Nie kann ich es ihr recht machen! Keiner sagt Danke für das, was ich den ganzen Tag tue! Ich habe keine Luft mehr zum Atmen, so kontrolliert fühle ich mich von ihr! – All diese Kleinigkeiten werden verallgemeinert und wachsen zu Konfliktmonstern heran, die nur schwer zu bekämpfen sind. Der erste Schritt beim Verzeihen ist daher die Akzeptanz dessen, was geschehen ist, was gesagt, gedacht und getan wurde.

Wir verdrängen gern, woran wir uns nicht erinnern wollen. Das geht dann eine Weile gut, bis die schlechten Gefühle und gemeinen Gedanken wieder aufsteigen. Immer wieder. Hören Sie auf zurückzuschauen, die Vergangenheit wird sich nicht ändern. Nur die Zukunft haben wir in der Hand. Wie soll sie aussehen? Auch wenn es schwierig ist und vielleicht manchmal unangenehm – es ist Ihre Zukunft! Also arbeiten Sie an ihr. Veränderungen nur zu wollen reicht nicht aus. Wir müssen Wege und Strategien finden, negative Gefühle in positive zu verwandeln. Nicht für andere, sondern für uns selbst. Also überlegen Sie, was sich für Sie in Zukunft ändern soll, und reden sie miteinander darüber. Lassen Sie sich Zeit. Auch das disziplinierteste Fitnessprogramm zeigt nicht sofort sichtbare und spürbare Ergebnisse. Doch irgendwann sind wir hoffentlich frei von Verletzungen und frei zu verzeihen. Vielleicht sogar so frei wie unsere Kinder. Dann gelingt es uns auch, jene zu umarmen, die uns verärgert haben.

SHAMPOO

BIG FIVE?

„Du riechst … nach SCHOKOLADE!“, empört sich Zoe, 4, über ihre Mutter, die offenbar heimlich genascht hat.

Wussten Sie, dass wir mit einer Tasse warmem Kaffee in der Hand andere Menschen positiver beurteilen, als wenn wir eine eiskalte Limonade in der Hand halten? Dass sich auf der Netzhaut unseres Auges etwa 130 Millionen Sehsinnzellen befinden? Dass von allen Sinnen der Geruchssinn am engsten mit unserem emotionalen Gedächtnis verbunden ist und dass wir Frauen, vorausgesetzt, wir nehmen nicht die Antibabypille, innerhalb weniger Sekunden riechen können, ob jemand zu uns passt? Wir Menschen sind mit fantastischen Sinnen ausgestattet. Manche Wissenschaftler zählen zu den fünf klassischen Sinnen sogar noch weitere. Nur wenn sie miteinander harmonieren, kann unser Gehirn Informationen sinnvoll verarbeiten. Bereits im Bauch der Mutter trainieren Babys ihre Sinne und nutzen später jede wache Minute, um die Welt zu verstehen: den Geschmack der Milch, die Schattenspiele an der Wand, den zärtlichen Kuss auf der Wange, die Stimmen und den Geruch der Eltern. Vertrautes schenkt Sicherheit, Unbekanntes weckt Neugier. Wir Erwachsenen wissen inzwischen, wie der Hase läuft, und nutzen unsere Sinne in etwa so wie ein Radio. Als es neu war, haben wir alle Knöpfe ausprobiert und in alle Kanäle aufmerksam reingehört. Jedes Programm war Nahrung für Seele und Geist. Im Laufe der Jahre haben wir jedoch immer weniger zugehört, bis es nur noch als Rauschen im Hintergrund fungierte. Schön, dass es da ist: Etwas schmeckt süß oder sauer, es ist kalt oder warm, hell oder dunkel, laut oder leise, glatt oder rau. Ein Automatismus hat sich entwickelt, bei dem eigentlich nur auffällt, wenn etwas kaputt ist oder fehlt. Könnten wir eines unserer „Programme" nicht mehr empfangen, würden wir es schmerzlich vermissen. Wer Schnupfen hat, weiß, wie wenig wir schmecken, wenn die Nase verstopft ist. Fällt das Riechen dauerhaft weg, wäre der Betroffene stark eingeschränkt. Warnungen durch Brandgeruch, bittere oder verdorbene Lebensmittel oder ausströmendes Gas könnten nicht mehr als solche erkannt werden. Oder stellen Sie sich vor, Sie sind auf einer Party, es wird gefeiert und getanzt, Sie fühlen sich verschwitzt und können nicht riechen, ob Ihr Deo der Belastung noch standhält. Das verunsichert und stresst natürlich auf Dauer. Solange wir uns darauf verlassen können, dass unser „Radio" funktioniert, setzen wir uns auch nicht weiter damit auseinander. Unsere Sinne senden und empfangen, es hört nur keiner hin. Schmeckt unser Frühstück? Was riechen wir, wenn wir das Haus verlassen und auf die Straße treten? Fühlen wir Wind oder Sonne auf der Haut und im Haar? Worauf lenken wir unseren Blick? Welche Geräusche können wir erkennen? Wie war das bei Ihnen? Gestern, vorgestern? Oder als Kind?

***

Zu Beginn der Sommerferien war ich mit einer Freundin und unseren Kindern in Brandenburg zelten. Die Sonne schien, die Bäume rauschten, der Badesee war angenehm kühl und das Eis schmeckte sahnig-süß. „Herrlich, das riecht wie Sommer, so wie früher!", freute sich meine Freundin. Sicher ist Ihnen auch schon aufgefallen, wie stark Gerüche mit Gefühlen, Stimmungen und Erinnerungen verknüpft sind. Die Gerüche unserer Kindheit sind uns am gegenwärtigsten: der erste Schnee, Sommerregen, Turnhallen, Lindenblüten, Bohnerwachs, Schwimmbad – all das riecht heute noch genau so, wie es sich damals als Kind angefühlt hat. Noch nach vielen Jahren riecht jeder neue Sommer nicht etwa so wie der des Vorjahres, sondern genau so wie der Sommer unserer Kindheit. Auch Musik weckt, ähnlich wie Gerüche, sofort Bilder und Gefühle aus vergangenen Zeiten. Jeden Mohnkuchen vergleiche ich in Gedanken mit dem Mohnkuchen aus meiner Kindheit und höre dabei meinen Opa, der immer sagte, Mohn mache dumm. Verrückt, oder?

Es scheint, als hätten wir als Kind Sinneseindrücke intensiver erlebt. Zumindest haben wir uns damals einfach auf sie eingelassen. Wir haben begeistert zugehört, genau hingesehen, neugierig und aufmerksam gefühlt, geschmeckt und gerochen. Heutzutage setzen wir uns nur noch selten aktiv mit unseren Sinnen auseinander, sodass sie uns unterbewusst eher verleiten und verwirren. Was hören und sehen wir, was schmecken und hören wir, was riechen und sehen wir, was fühlen und hören wir? Unser Gehirn setzt alle diese Informationen zusammen. Woher sie kommen, ist ihm dabei egal. Sein Job ist die Auswertung der Daten, um uns mitzuteilen, was um uns herum geschieht. Und dann treffen wir Entscheidungen. Jeden Tag 20 000 schnelle Einzelentscheidungen, wie der Psychologe und Hirnforscher Prof. Ernst Pöppel ausgerechnet hat.[38] Doch weil wir unsere fünf Sinne nicht beisammen haben, geht das manchmal auch daneben. „Wahlblindheit" nennt dieses Phänomen eine Gruppe schwedischer Wissenschaftler um Lars Hall und Peter Johansson von der Lund-Universität. Ihr „Choice Blindness

Lab"[39] will der Frage auf den Grund gehen, was Menschen auswählen und was sie tatsächlich bekommen. Obwohl die Teilnehmer in diesen Studien aufmerksam hinsehen, riechen und schmecken, bemerken sie häufig nicht, wie sie von den Wissenschaftlern hinters Licht geführt werden und am Ende nie das bekommen, wofür sie sich eigentlich entschieden haben. Gleichzeitig sind sie trotzdem in der Lage, die „falsche" Wahl, die ihnen von den Wissenschaftlern untergejubelt wird, zu begründen. Konkret funktionierte das Experiment folgendermaßen: Die Versuchsteilnehmer bekamen zwei unterschiedliche Gesichter gezeigt und sollten sich lediglich entscheiden, welches sie attraktiver finden. Das ausgewählte Bild gab der Wissenschaftler dem Teilnehmer, das andere behielt er für sich, ließ es unter dem Tisch verschwinden und präsentierte zwei neue Gesichter. Ab und zu schummelte der Wissenschaftler, wie bei einem Kartentrick, und schob dem Probanden unbemerkt das von ihm als weniger attraktiv bewertete Porträt zu. Scheinbar beiläufig erkundigte er sich, was dem Probanden nun ausgerechnet an diesem Gesicht so gut gefalle. 70 Prozent der Versuchsteilnehmer bemerkten nicht, dass sie gerade getäuscht wurden und das weniger attraktive Gesicht zugeschoben bekamen. Trotzdem konnten sie dem Wissenschaftler sagen, warum sie gerade dieses Gesicht so schön finden. Sie begründeten also eine Entscheidung, die sie gar nicht getroffen hatten. Selbst bei weiteren Experimenten mit dem Geschmack von Marmelade oder dem Duft von Tee zeigten die Teilnehmer sich erschreckend wahlblind und bemerkten nicht, dass ihr vermeintlicher Lieblingstee nicht nach Zitrone, sondern Apfel-Zimt schmeckte!

Und da bilden wir uns ein, die 20 000 Entscheidungen, die wir jeden Tag treffen, seien das Ergebnis logischer und gründlicher Überlegungen eines klugen und freien Geistes. Wie viele unserer Entscheidungen halten wir für richtig und wie viele sind es wirklich? Würde jemand nach einer Begründung für jede einzelne fragen, wir hätten sicherlich mehr als eine parat. Das haben die Experimente gezeigt. Es geht jedoch um den tieferen Sinn dahinter: Wie oft bekommen wir das, was wir wollen, und wie oft bilden wir uns nur ein, wir hätten eine bewusste Wahl getroffen? Nun können Sie dagegenhalten: Ist doch egal, solange wir glücklich damit sind. Dann trinke ich eben ab morgen Apfel-Zimt-Tee, davon geht die Welt auch nicht unter. Natürlich nicht, aber denken Sie doch mal an unsere Beziehungen und Berufe. Da wird es schon etwas komplizierter.

***

Immer mehr Menschen erkranken seelisch bedingt. Einer der Gründe dafür könnte in unseren falsch getroffenen Entscheidungen liegen. Selbst wenn wir wissen, was wir wollen, und unsere Entscheidungen gründlich überdenken, bleiben wir dennoch manipulierbar. Und was das eigentlich Schlimme ist: Solange diese Manipulation, sprich Wahlblindheit, von uns unbemerkt bleibt, können wir daran auch nichts ändern. Das Problem der Wahlblindheit lässt sich auf viele Bereiche unseres Lebens übertragen und hat enormen Einfluss auf unsere ästhetischen, moralischen und politischen Entscheidungen und natürlich auch auf unsere Konsumentscheidungen. Unser Haar fühlt sich weicher an, nur weil das neue Shampoo gut riecht. Ob Kartoffelchips frisch sind, entscheiden wir nicht danach, wie sie schmecken, sondern danach, wie knusprig sie sich anhören. Mehr als der Zuckergehalt beeinflusst die Farbe einer Limonade, wie süß wir das Getränk empfinden. Mit bestimmten Sinnesreizen und Sinneserfahrungen verbinden wir also so stark bestimmte Erwartungen, dass wir bereits im Voraus „wissen", wie weich (Haare) oder frisch

(Chips) oder süß (Limonade) das ist, was wir gerade berühren oder essen beziehungsweise trinken. Dem Gehirn ist es egal, woher die entsprechenden Informationen für unsere Bewertung kommen. Dabei könnten wir, im vollen Bewusstsein unserer Sinne, aufmerksam und achtsam durchs Leben gehen. Sie sind unverzichtbar, um uns selbst wahrzunehmen. Lassen uns wissen, spüren, schmecken, riechen fühlen, dass wir am Leben sind. Ohne sie würde alles verschwinden. Ohne sie würden wir selbst verschwinden. Nun ist es an Ihnen, eine Entscheidung zu treffen. Fahren Sie Ihre Antennen aus, um Ihre Sinne in Zukunft aktiver zu nutzen?

Das Leben ist ein Nutellabrot – Nachschlag gefällig?

Wie wäre es mit einem kleinen Schmeck-Experiment? Sie könnten zum Beispiel Becherchen mit verschiedenen Leckereien befüllen und mit verbundenen Augen testen, was Sie riechen, schmecken und auf der Zunge fühlen. Oder Sie schalten einen Sinn bewusst aus. Was schmecken wir, wenn wir nichts mehr riechen? Was fühlen wir, wenn unsere Hände in dicken Handschuhen stecken? Wie orientieren wir uns, wenn wir nichts mehr sehen?

Gar nicht so leicht, wenn uns ein Sinn im Stich lässt. Doch diese Erkenntnis ist wesentlich leichter zu ertragen als der Irrglaube, frei von Manipulation zu sein. Stellen Sie sich vor: Ob Sie den neuen Job bekommen oder nicht, kann davon abhängen, ob Sie Ihr Vorstellungsgespräch im Sommer bei einem kühlen oder im Winter bei einem heißen Getränk haben! Auch so manche Konsumentscheidung, die sich absolut richtig und plausibel angefühlt hat, entpuppt sich im Nachhinein als Fehlkauf. Manche Sachen haben wir gekauft, weil sie unwiderstehlich reduziert waren, andere wurden so hübsch kombiniert, dass wir mehr Teile gekauft haben, als wir wollten, und wieder andere landeten in unserer Einkaufstasche, weil die lässige Musik uns zum Weiterstöbern verleitet hat. Auch der Supermarkt ist ein Paradies für unsere Sinne. Damit wir möglichst lange möglichst viel einkaufen, stimmt von der Temperatur über die Größe des Einkaufwagens bis hin zu den Gerüchen zwischen den verschiedenen Regalen einfach alles. Um die Kundschaft zu immer weiteren Einkäufen zu verleiten, sind die Produkte des täglichen Bedarfs über den ganzen Supermarkt verteilt. So bekommen die Betreiber ihre Kunden dazu, deutlich mehr Regale abzuklappern, als eigentlich notwendig wäre, um schnell ein paar Nudeln, ein Päckchen Butter und ein Glas Marmelade zu kaufen. Auch spezielle Einkaufswagen für Kinder sind keine süße Spielidee, sondern sollen den Nachwuchs dazu animieren, selbst zuzugreifen und so die Eltern zum Kauf zu bewegen. Große Einkaufswagen suggerieren den Erwachsenen wiederum, sie hätten noch nicht viel gekauft – um getrost weiter zugreifen zu können. Und weil die meisten Menschen Rechtshänder sind, führt der Einkaufsweg immer schön links herum, damit wir besser zugreifen können. Achten Sie beim nächsten Einkauf doch einfach mal auf mögliche Manipulationen, vielleicht entscheiden Sie sich dann anders – rationaler? Überlegen Sie vorher genau, was Sie wirklich brauchen und warum. Hören Sie auf Ihr Bauchgefühl und hinterfragen Sie Ihre Entscheidungen. Und korrigieren Sie diese gegebenenfalls, Schönreden macht es nur schlimmer. Und sollten Sie an meinen Worten zweifeln, überzeugt Sie vielleicht eine kleine Inventur Ihres Kleiderschranks!

LEARNING BY DOING

„Kann ich mein Seepferdchenabzeichen selbst annähen?“,
fragt der kleine, stolze Neu-Schwimmer Benjamin, 7, und macht sich schon am Nähkästchen seiner Mama zu schaffen.

Ich würde gern meine Website selbst programmieren können, die Arbeit meiner Steuerberaterin verstehen, einen Autoreifen wechseln, ohne Blondinenwitze zu provozieren, flauschige Wollschals stricken, Surfen, Flickflack, mindesten zwei weitere Sprachen sprechen oder besser Schach spielen. Kann ich alles nicht. „Ja und? Das kannst du doch alles lernen. Wo ist das Problem?“, höre ich meine Kinder sagen, die gern Hubschrauber fliegen würden, Laserschwerter bauen oder Zöpfe flechten. Im Gegensatz zu mir gehen sie fest davon aus, in absehbarer Zeit über die dafür jeweils notwendigen Fähigkeiten zu verfügen. Schließlich haben sie auch laufen und sprechen gelernt, Fahrrad und Ski fahren, Murmelbahn- und Drachenbau, lesen und schreiben und vermutlich auch heute wieder eine ganze Menge. Also, wo ist das Problem?

Wir sind mit diesem leistungsstarken, fantastischen Körper ausgestattet und einem Wunderwerk namens Gehirn und könnten theoretisch alles erreichen – alles, was wir wollen. Nehmen wir nur einmal das Großziehen unserer Kinder.

Wir haben vielleicht eine Vorstellung davon, wie wir das machen wollen, was wir auf keinen Fall wie unsere Eltern machen werden, wann wir wieder arbeiten gehen möchten und wie wir uns den Alltag aufteilen werden – kurz, wie wir als Familie leben wollen. Und dann kommt dieses Kindlein und stellt alles auf den Kopf. Manchmal so sehr, dass wir glauben, den Boden unter den Füßen zu verlieren. Und das ist großartig, denn es zwingt uns aus festgefahren Wegen, regt unsere Kreativität und unseren Wissensdurst wieder neu an, hilft (endlich) Prioritäten zu setzen, verbindlich und zuverlässig zu werden und schenkt uns wieder den Glauben an Wunder. Mir zumindest, denn anders konnte ich mir diese Perfektion, dieses Wunderwerk Mensch nicht erklären. Und hatte ich dafür eine Ausbildung? Nein! Bin ich verzweifelt deswegen? Ja, manchmal schon. Geben wir Eltern deswegen auf? Auf gar keinen Fall!

Rückblickend hatte ich keine Ahnung, was auf mich zukam. So wie all die anderen Väter und Mütter auch, bin ich mit meinem Nachwuchs gewachsen und habe jede neue Herausforderung und jede neue Hürde eine nach der anderen genommen, nach Lösungen für Probleme gesucht und Niederlagen als weitere wichtige Erfahrung abgehakt. Ich habe mich gut und überschlau gefühlt, bis am nächsten Tag klar wurde, wie viel ich noch zu lernen habe.

Kinder zu bekommen ist die natürlichste Sache der Welt. Keiner würde einfach innehalten und den nächsten Schritt verweigern, auch wenn uns die Umstände und die ungewisse Zukunft oftmals sehr ängstigen. Obwohl wir immer wieder vor Augen geführt bekommen, wie wenig wir über diesen kleinen Menschen und seine Pflege wissen. Wie wenig wir manchmal vielleicht auch unseren Partner kennen oder unsere eigenen Grenzen in Belastungssituationen. Wenn wir in dieser hochemotionalen und unglaublich wichtigen Phase unseres Lebens in der Lage sind, nach dem Prinzip „Learning by doing" zu agieren, gelingt uns auch alles andere im Leben. Trotzdem fällt es uns so schwer. Wir haben Angst zu versagen. Angst vor der Zukunft. Angst vor falschen Entscheidungen. Angst, vielleicht am Start schon verloren zu haben. Hinzu kommen unklare Vorstellungen über unsere Ziele, vielleicht auch Bequemlichkeit oder Oberflächlichkeit. Das weckt den Wunsch nach einem vorgegebenen Wissensgerüst, an dem wir uns sicher entlanghangeln können.

Und dabei ist auch lebenslanges Lernen die natürlichste Sache der Welt. Noch bevor der erste Geburtstag gefeiert wird, erwacht in Babys die Neugier. Damit ist einer der wichtigsten Grundsteine gelegt, um – im wahrsten Sinne des Wortes – gierig und scheinbar unersättlich wie ein Schwamm alle Informationen aufzusaugen, die neu sind. Täglich lernen Kinder etwas dazu, verstehen immer mehr Zusammenhänge und wundern sich schon wieder über neue Fragen: „Wie kommen die Farben in den Regenbogen?" – „Tut das den Schnecken weh, wenn sie in ihr Haus gehen?" – „Ist es im Weltraum ganz laut oder ganz leise?" – „Wonach riecht die Wüste?" – „Woher weiß der Blindenhund, wo der Blinde hin möchte?" – „Wie unterhalten sich Ameisen?" Wir Erwachsenen sind in Sachen Neugier allerdings sehr ambivalent und das überträgt sich auch auf unser Verhältnis zum Lernen.

Natürlich brauchen wir für unseren Job fundierte Ausbildungen und Abschlüsse. Schließlich wollen wir im Umkehrschluss auch sichergehen, dass der vermeintliche Spezialist auch wirklich einer ist. Und wie lässt sich das am ehesten vergleichbar überprüfen? Durch einen Abschluss! Und um diesen Abschluss immer wieder aufzupeppen, um den eigenen Marktwert zu steigern und weil all das durch den stetig wachsenden Konkurrenzdruck natürlich so schnell wie möglich geschehen muss, bilden wir uns fort, besuchen Seminare und Coachings und schaufeln Wissen in uns hinein, das andere für uns gesammelt, durchdacht und gefiltert haben. Quasi die Essenz des Erlernbaren komprimiert und angenehm aufbereitet. Was im Berufsleben Standard ist, zieht sich inzwischen auch bis in unser Privatleben: Life-Coachings, Flirthilfe, Kochkurse, Näh- und Strickkurse, Baristakurse, Lach-Yoga, Babymassage, Shoppingbegleitung ... in scheinbar jedem Lebensbereich lassen wir uns von Fachleuten an die Hand nehmen und hoffen, sie führen uns in ein effizienteres, zumindest in ein glücklicheres Leben. Das kann wirklich sehr inspirierend sein, öffnet den Horizont und regt unsere grauen Zellen an. Aber was ist eigentlich mit dem Autodidakten in uns? Warum erarbeiten wir uns unser Wissen denn nicht selbst? Als Kinder konnten wir das, Bücher wälzen, Fragen stellen, Experimente machen, Erfahrungen sammeln. Erst mal probieren und dann sehen, ob ich wirklich Hilfe brauche, dem eigenen Bauchgefühl vertrauen.

Oder geht es uns im Grunde gar nicht so sehr um die Inhalte, die uns vermittelt werden, sondern um die Aufmerksamkeit, die uns in diversen Kursen und Coachings geschenkt wird? Endlich hört mal jemand zu und hat auch noch Tipps für mich. Jemand zeigt mir den Weg und das Ziel, übernimmt die Kontrolle und, zumindest fühlt es sich so an, auch die Verantwortung für meine nächsten Schritte. Das ist doch wesentlich sicherer, als im Alleingang durchs Dickicht zu pirschen. Da ist nicht nur gewährleistet, dass ich mein Ziel schnellstmöglich erreiche, gleichzeitig werden auch sämtliche Risiken und Abenteuer von vornherein ausgeschlossen. Fast so wie All-inclusive-Urlaub fürs Gehirn – herrlich! Oder?

Wir wissen heute, dass sich selbst erarbeitete Lösungswege wesentlich länger im Gedächtnis verankern als alles, was uns passiv eingetrichtert wird. Und hier liegt für viele Bildungsexperten auch der Kern des Problems. Sie stellen unser Schulsystem infrage, weil es Kinder mit Wissen vollstopft, das sie vermutlich nie wieder brauchen werden. Weil es Kinder in ein normiertes Gerüst zwingt, das ihnen die Freude am Lernen und Experimentieren nimmt und ihre individuellen Begabungen und Interessen nicht berücksichtigt. Weil es Kinder einem Konkurrenzkampf und Leistungsdruck ausliefert, der sie zwingt, optimal zu funktionieren, anstatt sie darauf vorzubereiten, glückliche Erwachsene zu werden.

Könnten Sie noch alle Teile eines Auges benennen?[40] Oder sagen, wie viel Tonnen Kohlendioxid in einem Hektar Regenwald gespeichert werden?[41] Wissen Sie, wie viele Einwohner eine Gemeinde haben muss, um als Stadt zu gelten?[42] Und wie hieß noch gleich der weibliche Fuchs? Füchsin?[43] All das ist Basiswissen für Grundschüler! Wissen, von dem die Kultusministerien ausgehen, dass es zukünftig enorm wichtig sein wird. Bei mir ist statt einer Antwort auf diese Fragen nur gähnende Leere. Auch wenn ich das vielleicht auch einmal gelernt habe, habe ich es längst wieder vergessen. Und da sprechen wir noch gar nicht vom Lehrstoff der späteren Schuljahre, vom Periodensystem der Elemente, von den Gravitationsgesetzen oder von Mitose und Meiose. Irgendwo ganz hinten haben wir diese Informationen sicherlich abgespeichert, nur mit dem Zugriff hapert es. Und warum? Weil wir einerseits diese Informationen eben doch nicht gebraucht haben und weil es andererseits auch nur eingetrichterte Informationen sind und kein tatsächliches Wissen, das wir uns selbst erarbeitet haben.

Als Kinder haben wir schon geahnt, dass wir diese Dinge nie wieder brauchen würden, und unsere Lehrer genervt gefragt, wieso wir all das lernen müssen. Zur Antwort bekamen wir, es sei wichtiges Allgemeinwissen und wenn nicht jetzt, dann würden wir das nie mehr lernen. Doch was ist mit den

Dingen, die wir wirklich gern gewusst hätten? Ich hätte in der Schule lieber mehr gemalt, mehr über Geografie, andere Länder und Kulturen und Literatur erfahren und weitere Sprachen erlernt. Das war im Rahmenlehrplan allerdings nicht vorgesehen. Dafür war keine Zeit. Stattdessen musste ich mich in meiner Freizeit mit Fächern wie Chemie und Physik quälen, um auch hier möglichst gute Zensuren zu bekommen. Hat mir das Spaß gemacht? Nein! Hat es mich weitergebracht? Nein! Habe ich dieses Wissen jemals wieder gebraucht? Nein! Würde ich es morgen anwenden können, wenn ich es bräuchte? Nein! Also wofür noch mal habe ich meine Zeit an diese Themen verschwendet, statt die Dinge zu lernen, die mir wirklich wichtig waren und sind? Fragen, mit denen sich inzwischen immer mehr Experten, Wissenschaftler und Eltern beschäftigen. Erwin Wagenhofer behauptet in seinem aufrüttelnden Film *Alphabet*, dass nahezu alle Kinder hochbegabt seien. Am Ende ihrer Schulzeit gelte das jedoch nur noch für einen kläglichen Rest von zwei Prozent.[44] Immer neue Schulkonzepte versuchen sich an alternativen Lernmethoden, um den Kindern einen möglichst individuellen Zugang zu Wissen zu ermöglichen.

Denn Lernen ist entdecken, ist spielen, ist Abenteuer. Sich selbstständig Wissen anzueignen kann und soll Spaß machen und die Zeit vergessen lassen. Es kann aber auch ängstigen, weil sich dadurch Horizonte öffnen, die unseren Weg vielleicht hinterfragen lassen. Aber das ist gut so und wichtig und richtig. Dafür brauchen wir keine Lehrer, die vor uns stehen, sondern maximal Experten, die uns beistehen. Menschen die uns helfen, über uns hinauszuwachsen, damit wir wieder Lust haben, Ideen zu entwickeln und unser Wissen anzuwenden. Spezialisten und Coaches können den Stein ins Rollen bringen, bei der Sinnsuche helfen oder sogar neue Wege aufzeigen. Aber den ersten Schritt müssen wir trotzdem selbst machen. Wir können noch so viele Seminare besuchen und Ratgeber lesen, auf den Startknopf können nur wir selbst drücken, um eigene Erfahrungen zu sammeln. Und die finden sich meist eher in der Natur, auf der Straße und am Küchentisch als hinter einer Schulbank.

Unsere Kinder wissen das und zeigen uns tagtäglich, was sie alles Neues können und gelernt haben. Sie leben ihre Interessen aus und erkunden spielerisch ihre Talente. Sie leben uns vor, wie glücklich sie sind, wenn sie beim Puzzeln, Malen oder Basteln die Zeit vergessen. Wir bewerten vieles davon als unwichtige Spielerei, dabei werden wir Zeuge von Hingabe, Experimentierfreude, Disziplin und Wissensdurst. Wichtige Fähigkeiten für ein erfolgreiches Leben, oder?

Wir Erwachsenen verharren manchmal lieber in der sicheren Welt der Theorie und machen noch eine Fortbildung und noch ein Zertifikat und nach einer aufbauenden Weiterbildung fangen wir dann vielleicht sogar schon bald an, unser umfangreiches theoretisches Wissen in der Praxis anzuwenden. Doch da wartet der Konkurrenzkampf, und schon sind sie wieder da, die Angst und die Zweifel an uns und unseren Leistungen. Grenzen gibt es aber nur, wenn wir sie zulassen.

Kindergartenöffnungszeiten, Arbeitszeiten, Workaholic-Partner oder gut gemeinte Ratschläge: Seien Sie achtsam mit Ihren Schwächen, lenken Sie jedoch Ihren Fokus hin zu Ihren Stärken. Wir alle sind stark genug, einfach loszulaufen, um unser Potenzial auf dem Weg nach und nach zu entfalten. Dabei sollte statt Angst Liebe stehen. Unsere Kinder können uns hierfür eine wahre Inspirationsquelle sein.

Das Leben ist ein Nutellabrot – Nachschlag gefällig?

Der Holländer Pieter Spinder hatte das Ziel, Wissen an junge Menschen zu vermitteln, und wählte dafür einen radikalen Weg. Mit 20 000 Euro Startkapital und zwölf Lernwilligen gründete er 2010 in Amsterdam die Wirtschaftschule Knowmads, in der so ziemlich alles anders ist als an anderen Unis. Der Wirklichkeit scheint Knowmads damit allerdings sehr viel näherzukommen. Denn so wenig planbar, wie die Welt ist, so frei ist die Ausbildung bei Knowmads. Statt einem festen Curriculum haben Spinders Studenten vor allem Freiraum, sich zu entwickeln und Fragen zu stellen. Was sie wirklich wollen zum Beispiel. Oder was sie besonders gut können und was noch fehlt. Um zu einem freien, selbstbestimmten Berufsleben zu finden, müssen die Knowmads-Unternehmer lernen, aus sich selbst heraus etwas Eigenes aufzubauen.[45]

Hört sich nach Freigeist, Avantgarde und neugierigem Tatendrang an. Genau das Richtige in unserer schnelllebigen Wissensgesellschaft. Die Strategie der Knowmads, sich gar nicht erst an Pläne zu gewöhnen, scheint der sinnvollste Plan überhaupt zu sein. Und damit verabschieden sich die Knowmads scheinbar spielerisch vom bestehenden Lernkonzept der Angst und tauschen es ein gegen ein Konzept der Liebe, das von der Annahme ausgeht, dass jeder Mensch hochbegabt ist, jeder Mensch etwas zu geben hat und jeder von jedem lernen kann. Und so hat bei Knowmads auch jeder die Freiheit, sich mit den Dingen zu beschäftigen, die ihn oder sie interessieren. So gehen Theorie und Praxis Hand in Hand und die Studierenden werden auf diese Weise immer besser, bauen einen jeweils ganz individuellen Wissensschatz auf. Und wenn Ihnen die Aussicht auf ein glücklicheres, zufriedeneres Leben nicht motivierend genug ist – ja, auch erfolgreicher. Schließlich wollen wir auch Geld verdienen. Erfolgreiche Autodidakten wie Johann Wolfgang von Goethe, Jean-Jacques Rousseau, Michael Faraday, Steve Jobs oder André Stern haben gezeigt, wie das selbstständige Streben nach Wissen erfolgreiche Karrieren hervorbringen kann. Spüren Sie nach, wofür Sie sich brennend interessieren. Finden Sie das heraus … und Sie werden ganz von selbst Freiräume schaffen, um mehr und mehr Wissen anzuhäufen. Wer seinen Beruf mit Leidenschaft lebt, wird auch erfolgreich sein.

NEUSTART

„Ich will doch lieber Polizist werden."
Karlotta, 3 Jahre, beim wöchentlichen Berufsroulette

Haben Sie schon einmal mit einem Kind eine Sandburg gebaut und danach zugeschaut, wie es ohne mit der Wimper zu zucken alles wieder zertrampelt hat? Oder den Eifer gesehen, mit dem ein Kind ein Blatt Papier zerschnippelt, weil ihm die Zeichnung nun doch nicht mehr gefällt? Oder wie es so lange die Perlen geduldig auf- und wieder ab- und wieder auffädelt, bis die Kette so ist, wie sie sein soll? – Nur um am nächsten Tag, doch alles wieder neu anzuordnen. Für Kinder ist ein Neustart so berauschend und gleichzeitig selbstverständlich wie ein Sonnenaufgang. Für uns Erwachsene ist ein Neustart eher so etwas wie eine dicke Nebelwand. Je weniger wir sehen, was sich dahinter verbirgt, umso größer ist die Wahrscheinlichkeit, dass wir lieber in Stillstand verharren. Auch wenn das bedeutet, dass wir dadurch im Regen stehen müssen. Die Ungewissheit des Neuanfangs birgt für uns stets das Risiko, sprichwörtlich vom Regen in die Traufe zu kommen. Selbstverschuldet alles noch viel schlimmer machen? Lieber nicht. Also Augen zu und durchhalten. So handhaben wir das in unserem Privatleben und erst recht in beruflichen Angelegenheiten. Je älter wir werden, desto unbeweglicher werden wir. Nur wenn der Leidensdruck gar nicht mehr auszuhalten ist, wagen wir den Schritt in diese Nebelwand. Ein erster Schritt zur Veränderung, der sich lohnt.

***

Wenn Kinder heute Busfahrer, morgen Tierärztin und übermorgen doch lieber Prinzessin werden wollen, dann wissen wir: Kindern liegt die Welt zu Füßen. Sie träumen davon, bei der Feuerwehr zu arbeiten, Bauarbeiter zu werden oder Müllmann, und sind begeistert von Berufen, denen man auf den ersten Blick ansieht, warum sie so wichtig sind. Wir Erwachsene legen dagegen eher Wert auf ein respektables Einkommen, gesellschaftliche Anerkennung und die Absicherung unserer Zukunft und lassen wichtige Aspekte wie persönliche Interessen, Selbstverwirklichung, Arbeitszeiten und Arbeitsbedingungen außer Acht. Inzwischen sind die meisten unserer Jobs so abstrakt, dass drei Sätze nicht ausreichen, um zu erklären, womit wir eigentlich unser Geld verdienen. Wen wundert's, dass sich immer mehr Menschen nach einer „echten" Arbeit sehnen, etwas Ehrlichem, Erdigem, Nachhaltigem, vielleicht sogar wirklich Wichtigem. Am besten etwas, wobei wir uns selbst verwirklichen können und am Ende des Tages auch noch plastisch sehen, womit wir die vergangenen Stunden verbracht haben. Von den meisten Handwerksberufen haben wir nur eine vage Vorstellung und so bleibt viel Raum, diese zu romantisieren und von einer zweiten Karriere als Tischler, Gärtner oder einer eigenen kleinen Ziegenkäserei zu träumen. Meist passiert das in der Mitte des Lebens. Dann, wenn wir angekommen sind mit Kind und Kegel und eben auch im Beruf. Wenn wir beginnen, auf Geleistetes zurückzuschauen und zukünftige Schritte infrage zu stellen. Werte wurden auf die Probe gestellt, manche davon haben wir vielleicht ausgetauscht, andere haben sich gefestigt. Und plötzlich fragen wir uns: Und nun? Will ich so weitermachen oder muss ich etwas verändern? Und wenn ja, was?

Häufig bestimmen Eltern, Zufälle oder Bequemlichkeit unsere Berufswahl – selten unsere Leidenschaft und der dringende Wunsch, genau damit und mit nichts anderem unseren Lebensunterhalt zu verdienen. Der Grund: Wir wissen es nicht besser.

Als Kind wollte ich Busfahrerin werden. Weil ich es klasse fand, so weit oben zu sitzen; vor allem aber, weil mich das riesige Lenkrad so faszinierte. Immer wenn ich in einen dieser stinkenden Ikarus-Busse stieg, schaute ich wie hypnotisiert dem Busfahrer zu, wie er anmutig mit beiden Händen dieses unglaublich große Lenkrad nach rechts und links drehte. Das wollte ich auch. Es wurde nichts daraus und ehrlich gesagt bin ich auch gar nicht traurig darüber. Nur wenn ich in London die herrlichen roten Doppeldeckerbusse sehe, wird mir noch ganz kurz etwas schwermütig ums Herz, aber wirklich nur ganz kurz. Nach Busfahrerin wollte ich Keramikgestalterin werden, danach Tierärztin, dann Bankangestellte, Friseurin war auch kurz auf meiner Liste. Schulkameraden, die genau wussten, wo ihre Stärken liegen, und ein klares Berufsbild vor Augen hatten, habe ich sehr darum beneidet. Aber die Mehrheit in meiner Klasse tickte eher so wie ich. Wir stolperten mehr in unsere Karrieren, als dass wir sie bewusst geplant hätten. Die wenigsten kannten ihre Stärken, mochten von allem ein bisschen und trafen Entscheidungen, die eher dem Druck und den Erwartungen ihrer Eltern geschuldet waren als einer ehrgeizigen Berufswahl. Ein Praktikum führte zum nächsten, die ein oder andere Beziehung öffnete (Büro-)Türen und irgendwann siegte die Bequemlichkeit, die Arbeitsjahre zogen dahin und man stellte irgendwann fest, dass man nur teilnahmslos als Beifahrer durch sein eigenes Leben rauschte, anstatt selbst das Steuer zu übernehmen.

Früher oder später führt das zwangsläufig zu Unzufriedenheit im Job, doch nur die wenigsten trauen sich, dann noch etwas daran zu ändern, und begnügen sich mit dem Erträumen möglicher Optionen.

Stellen Sie sich vor: 80 Prozent der Deutschen sind unglücklich mit ihrer Arbeit. Unglaublich, oder? So viel Zeit verbringen wir im Job und dann ist quasi fast jeder unzufrieden? Nur 14 Prozent der Arbeitnehmer in Deutschland brennen wirklich für ihren Beruf. Und 23 Prozent fühlen sich sogar richtig ungerecht behandelt, haben innerlich schon längst gekündigt und machen nur noch Dienst nach Vorschrift. Was für eine Verschwendung von Potenzialen! Und von Lebenszeit.

Und was machen wir dagegen? Nichts! Okay, nicht ganz. Wir jammern, schimpfen, versinken in Selbstmitleid und gehen am nächsten Tag trotzdem wieder zurück in die eingefahrenen Strukturen. Aber das ist alles nicht so einfach, nicht wahr? Leichter gesagt als getan, stimmt's? Wenn man wüsste „wie", wäre es nur noch eine Frage des „Wann", oder? Fakt ist: Es gibt keinen Grund, unglücklich in einer Opferrolle zu verharren. Jeder von uns kann sein Leben aktiv gestalten und ist seines eigenen Glückes Schmied, wie es so schön heißt. Und auch in den ältesten Sprichwörtern liegt ein Körnchen Wahrheit.

Es gibt viele Beispiele von Menschen, die eine radikale Kehrtwende gewagt haben und damit auch wieder sehr erfolgreich wurden. Die Kunststudentin, die nun ihre eigene Konditorei führt. Die Gärtnerin, die heute Dokumentarfilme dreht. Die Fernsehredakteurin, die durch eine Inspiration auf dem Flohmarkt zur erfolgreichen Modedesignerin avancierte. Der Manager, der heute Rockkonzerte gibt, oder die Werbetexterin, die inzwischen leidenschaftlich ihren eigenen Stoffladen mit Nähwerkstatt betreibt. Lassen Sie sich inspirieren von den Zweitkarrieren anderer. Alles ist möglich, solange Sie an sich glauben.

***

Oftmals müssen wir gar nicht alles auf den Kopf stellen, um unsere Wünsche zu realisieren. Meist reichen schon kleine Veränderungen. Vorausgesetzt, wir wissen, was wir wollen! Beengt mich mein Angestelltenverhältnis oder gibt es mir genau die Struktur, die ich brauche, um produktiv arbeiten zu können? Fühle ich mich überfordert oder unterfordert? Gefällt mir mein Beruf, aber nicht das Arbeitsumfeld? Mag ich meine Kollegen, aber nicht den Job? Oder könnte ich das, was mein Chef mir tagtäglich vorschreibt, in einer eigenen Firma eigentlich viel besser? Nicht jeder von uns ist für die Selbstständigkeit geschaffen. Viele arbeiten im richtigen Job nur im falschen Unternehmen. Doch wer von einem radikalen Neuanfang träumt und sich von den sozialen und finanziellen Verpflichtungen auf der einen Seite und den Ängsten vor einer ungewissen Zukunft auf der anderen Seite einschränken lässt, dem sei gesagt: Auch uns Erwachsenen liegt die Welt zu Füßen! In jedem Alter! Suchen Sie nach Lösungen und wachsen Sie an den Problemen, die sich ergeben. Und dann sind die Sonntagabende nicht mehr so wehmütig und die Montage auch nicht mehr so schrecklich.

Kinder freuen sich strahlend und glücklich über jeden Tag. Doch wie machen die das? Auch sie bekommen von anstrengenden „Chefs“ jeden Tag gesagt, was sie machen sollen. Zum Beispiel Zähne putzen, Haare kämmen, Tisch decken, Zimmer aufräumen, Hausaufgaben machen – wirklich langweilige und total nervige Aufgaben. Dementsprechend maulen und meckern sie, was das Zeug hält, und erfüllen schließlich nur unter Protest ihre Pflichten. Aber sie ziehen es durch und danach widmen sie sich ohne Umwege wieder jenen Beschäftigungen, die ihnen Spaß machen, und freuen sich so sehr darüber, dass ihre Begeisterung jede noch so nervige Pflicht vergessen lässt. Übersetzt in unser Erwachsenenleben könnte das bedeuten: Wenn Sie keine Möglichkeit sehen, Ihrem Hamsterrad zu entkommen, tanken Sie Energie und Glücksgefühle in Ihrer Freizeit. Sie spielen gern Tennis? Hören gern Musik? Lieben das Theater? Na dann: auf geht's! Folgen Sie Ihrem Herzen und erinnern Sie sich, wie viel Spaß sie dabei haben. Vielleicht schöpfen Sie daraus die Kraft, um sich schließlich auch aus Ihrem ungeliebten Job zu befreien?

Das Leben ist ein Nutellabrot – Nachschlag gefällig?

Walt Disney sagte einmal, dass all unsere Träume wahr werden könnten, wir müssten nur mutig genug sein, ihnen zu folgen. Manchen Menschen hilft es, beherzt ins kalte Wasser zu springen und sich nach oben zu strampeln. Andere testen lieber erst einmal vorsichtig mit dem großen Zeh die Wassertemperatur und tendieren zu kleinen, geplanten Schritten, um sich ihrem Ziel zu nähern. Egal welchen Weg Sie bevorzugen: Gehen Sie vor allem Ihren Weg! Andere Menschen können Vorbilder sein, positive oder negative, aber konzentrieren Sie sich auf Ihre individuellen Umstände und Ansprüche. Fragen Sie sich, was genau Sie glücklich macht und was Sie verändern müssten, um diesen Zustand zu erreichen.

Ein Beispiel: Eine Frau, Mitte 30, sportlich und naturverbunden, kontaktfreudig, aktiv und kreativ, möchte sich gern selbstständig machen. Doch sie weiß nicht, womit. Nun könnte sie sich fragen, was sie besonders gut kann oder was ihr Spaß macht oder wie sie sich ihr zukünftiges Leben vorstellt oder wie sie Geld verdienen kann. Die Frau aus unserem Beispiel widmet sich primär Letzterem. Durch ihre häufigen Reisen hat sie sehr gute Kontakte, um günstig Schuhe einzukaufen. Ein kleines Rechenbeispiel offenbart, dass sie tatsächlich sehr viel Geld mit dem Weiterverkauf der Schuhe in Deutschland erwirtschaften könnte. Sie mietet sich also einen Laden und stapelt die Schuhe bis unter die Decke. Sechs Tage die Woche verbringt diese Frau nun von morgens bis abends in ihrem Geschäft und wartet auf Kundschaft. Sie verkauft ihre Modelle und sie verdient Geld damit, doch jeden Tag allein hinter der Ladentheke auf Kundschaft zu warten, während draußen das Leben stattfindet – so hatte sie sich ihr neues Glück nicht vorgestellt. Sie hatte sich ausgemalt, wie sie Geld verdienen kann, und dabei ihre Persönlichkeit ganz außer Acht gelassen.

Ich hätte Ihnen auch eine der zahlreichen Erfolgsgeschichten erzählen können. Davon gibt es mehr als genug, aber noch besser lernen wir aus den Fehlern der anderen. Es ist überhaupt nichts Falsches daran, viel Geld verdienen zu wollen, nur sollten Sie dafür nicht Ihr altes Hamsterrad gegen ein neues eintauschen. Das gilt natürlich auch für jeden privaten Neustart: Nur wer seine eigenen Erwartungen, Ansprüche, Wünsche und Sehnsüchte kennt, wird auch die Beziehung seiner Träume finden und dauerhaft glücklich werden.

MAG JUSTITIA BLIND SEIN …

„Wenn Emma heute schon ein Eis hatte, will ich auch eins. Das ist sonst ungerescht!"
Ella, 4 Jahre, mit Futterneid

Justitia mag vielleicht blind sein, Kinder sind es nicht. Wenn es um Ungerechtigkeit geht, soziale oder ökonomische, haben Kinder Adleraugen. In ihrem Bestreben, sich diese Welt zu erklären, fällt ihnen alles auf, was nicht ihrer Norm entspricht. Meist geht es in ihrer Kinderwelt natürlich um das gerechte Verteilen von Süßigkeiten, Spielsachen oder Aufmerksamkeit. Enthusiastisch und ausdauernd zählen sie Erdnüsse, Gummibärchen und Schokolinsen ab, damit auch ja keiner mehr oder weniger als der andere bekommt. Kinder leben Fairness, reiben sich daran, hinterfragen immer wieder und suchen nach Lösungen für sich. Sie sind bereit, ihr ganzes Taschengeld für Kinder zu spenden, denen es nicht so gut geht. Alles muss seine Richtigkeit haben. Und von wem haben sie gelernt, was richtig ist? Von uns Erwachsenen. Und wen prangern sie nun an? Uns Erwachsene. Hä? Ja, so sieht's aus: Erst erklären wir den lieben Kleinen lang und breit und immer wieder, was richtig und was falsch ist. Dann halten wir uns selbst nicht daran und die Kinder werden stutzig und finden das natürlich schnell ungerecht.

„Darf der Mann bei Rot gehen?"

„Warum geben wir dem Bettler kein Geld?"

„Wenn du nach dem Abendbrot noch Süßigkeiten isst, will ich auch welche!"

„Ist der Mann betrunken? Darf der da hinpullern?"

„Warum fahren die anderen Autos schneller als wir?"

„Die Frau hat den Kaugummi auf die Straße gespuckt!"

Wo wir lieber wegschauen, sehen Kinder der Wahrheit ins Gesicht. Kinder entwickeln ein Gerechtigkeitsempfinden, wir Erwachsenen finden Schlupflöcher und Ausreden für unsere mangelnde Zivilcourage. Kinder entwickeln Sozialkompetenz, wir lassen sie verkümmern. Es geht nicht darum, dass alle immer lieb und brav sein müssen, sondern darum, dass auch wir wieder lernen, die Bedürfnisse anderer wahrzunehmen, unsere eigenen infrage zu stellen und entstehende Konflikte auszuhandeln. Wir finden tausend Gründe für unsere Scheuklappen und Ignoranz. Unsere Kinder nicht. Haben Sie schon einmal Ihrem Kind erklärt, warum das T-Shirt nur 4,99 Euro kostet? Oder warum in Deutschland Schokolade so günstig ist? Oder Fleisch? Bei uns mündeten diese Gespräche in militante Konsumverweigerung. Nicht bei der Schokolade, aber beim Fleisch! Müssen Menschen und Tiere auf unsere Kosten leiden? Gibt es nicht vielleicht doch einen anderen Weg? Warum ist das denn so? Fragen meine Kinder. Und ich antworte: Damit wir nicht so viel Geld ausgeben müssen. Und warum nicht?, fragen meine Kinder. Ja, warum nicht?, frage ich Sie. Warum bezahlen wir nicht den Wert einer Ware, sondern lieber den niedrigsten Preis und nehmen dafür Kinderarbeit in Kauf, Massentierhaltung oder erniedrigende Arbeitsbedingungen?

***

Wir haben hehre Ziele und Ideale, die wir auch unseren Kindern vermitteln wollen. Tatsächlich scheitern wir aber häufig an der Praxis. Wir sind in dieser Beziehung ein bisschen wie die abstrakten Maler, die Anfang des 20. Jahrhunderts angefangen haben Farben, Formen und Kontraste zu kombinieren, anstatt die Welt naturgetreu zu zeichnen. Sie wussten genau, wie die „echte Welt" aussieht und abgebildet werden könnte, haben sich jedoch für einen freieren, kreativeren Weg entschieden. Wir Erwachsenen wissen genau, wie regelkonformes Verhalten funktioniert. Allerdings ist es oft praxistauglicher, um nicht zu sagen einfacher, die Regeln etwas abzuwandeln.

Der Weg des geringsten Widerstandes ist ein sehr verführerischer. Solange es darum geht, sich den Dingen ausgiebig zu widmen, die unseren Enthusiasmus befeuern, spricht ja auch nichts dagegen, ihn zu gehen – ganz im Gegenteil. Doch wir sollten auch immer versuchen, das ganze Bild im Blick zu behalten, den gesunden Menschenverstand einschalten und uns der Konsequenzen unseres Handelns bewusst werden. Jedes Wegschauen und Ignorieren hat ebenso seine Folgen wie Engagement und Achtsamkeit. Das gilt für die Kindererziehung genauso wie für unser gesellschaftliches Handeln oder unser Konsumverhalten. Und verstehen Sie mich bitte nicht falsch. Jeder bestimmt über sein eigenes Königreich, aber jede Entscheidung hat eben auch ihre Folgen, positive wie negative, und die sollten nicht vergessen werden. Wir wollen als Menschen angenommen und geliebt werden und wünschen uns das auch für unsere Kinder. Das steht jedoch gelegentlich im Widerstreit zu dem, was wir als moralisch richtig und regelkonform empfinden. Wer anderen gegenüber seine Position klar verteidigt, ihnen den Spiegel vorhält oder ihr Verhalten infrage stellt, kann damit anecken und ist unbequem. Also überlegen wir uns das, halten manchmal einfach den Mund oder schauen bewusst weg – in unseren privaten Beziehungen, aber auch im gesellschaftlichen Kontext. Tief in uns wären wir vielleicht gern etwas mutiger, aber dann schalten wir doch lieber den Fernseher ein und hoffen, dass sich auch morgen wieder einmal die anderen darum kümmern. Selbst in unserem näheren Umfeld drücken wir uns vor möglichen Konfrontationen.

Sind unsere Bindungen wirklich so schwach, dass wir unseren Freunden nicht sagen können, wenn sie sich gerade unfair verhalten? Ist unser Job tatsächlich so unsicher, dass wir unsere Kollegen gegenüber Vorgesetzten nicht verteidigen können? Gerechtigkeit beruht auf Geben und Nehmen. Ich kann fair und zuverlässig handeln, weil das meiner Moral und meinem Ethos entspricht. Oder ich verstecke mich hinter irgendwelchen vorgeschobenen Gründen, trage dann jedoch auch die Konsequenzen. Meine Motivation, mich für andere einzusetzen, steigt natürlich proportional zu der Anzahl von Leuten, die das auch tun. Kinder haben den Vorteil, dass sie noch nicht so genau überblicken, ob sie als Gerechtigkeitsfanatiker nun einer Mehrheit oder einer Minderheit angehören. Sie handeln gerecht, quasi aktiv gegen eine Schieflage, weil sie davon ausgehen, dass dies der einzig richtige Weg ist. Doch irgendwann stellen sie fest: Die anderen kümmert das überhaupt nicht. Einer verstößt immer gegen die Regeln. Unter Umständen bin ich der Einzige, der immer versucht, korrekt zu handeln, und fühle mich dadurch im Nachteil. Und das Allerschlimmste ist, dass es außer mir selbst niemanden ärgert. Kann ich mich jedoch darauf verlassen, dass die anderen auch fair handeln, bin ich natürlich selbst auch zuverlässig und ehrlich. Eine Gesellschaft ist nur so gerecht, wie jeder Einzelne bereit ist, sich für Gerechtigkeit einzusetzen. Es geht also um Beziehungen zwischen Menschen. Und wie wichtig uns diese Menschen sind und die Beziehungen zu ihnen.

Letztendlich geht es auch um uns selbst. Denn wenn ich weiß, dass ich mithelfe, diese Welt ein wenig gerechter zu gestalten, wenn ich versuche, die sozialen und ökonomischen Ungerechtigkeiten etwas auszugleichen, dann bin ich selbst auch viel zufriedener und mein Leben ist in Balance. Wenn wir versuchen, über Ungerechtigkeiten hinwegzusehen, können wir sicher sein, dass ein Kind fragt, warum das so ist und warum niemand hilft und was man dagegen beziehungsweise dafür machen kann. Die Welt unserer Kinder ist in erster Linie die Familie, danach kommen Kindergarten oder Schule und am Schluss Spielplatz oder Sportverein. In diesen kleinen, vertrauten Strukturen kann es einfacher sein, sich für mehr Gerechtigkeit einzusetzen. Das Vertrauen und der gegenseitige Respekt sind eine gute Basis, um sich aneinander zu reiben und die eigenen Werte zu überprüfen. Die Familie, Freunde, Lehrer, Erzieher bereichern unser tägliches Leben und schon deswegen ist uns ihr Wohlergehen sehr wichtig. Aber letztendlich ist die Welt da draußen auch nichts anderes als eine Mischung aus Familie, Schule und Spielplatz. Warum engagieren wir uns nicht? Warum schauen wir weg und fühlen uns nicht einmal schuldig? Sind wir anderen Menschen gegenüber wirklich so abgestumpft? Haben wir nicht auch eine Pflicht anderen Menschen gegenüber?

***

In Deutschland leben 2,5 Millionen Kinder in Einkommensarmut. Das sind fast 20 Prozent aller unter 18-Jährigen![46] Gleichzeitig wächst der durchschnittliche Wohlstand und mit ihm die soziale Ungerechtigkeit.[47] In anderen Teilen der Welt nehmen Mütter und Väter Jobs an, die ganze Ozeane von ihren Familien entfernt sind. Dort verdienen sie dann das Geld für Essen, medizinische Versorgung und die Schulbildung ihrer Kinder, müssen aber zugleich darauf verzichten, ihre Kinder aufwachsen zu sehen. Oder sie versuchen das Überleben ihres Nachwuchses zu sichern, indem sie ihre Kinder weggeben. Als Waisenkinder in ein Heim oder sogar als Arbeitskräfte. Wie können wir das zulassen? Warum haben manche so viel und andere so wenig? Warum schaffen wir keine Strukturen, die einen Ausweg versprechen? Und wer hat eigentlich ein Interesse daran, dass all das so bleibt?

OrphanAid Africa in Ghana zeigt zum Beispiel, dass Veränderungen und der Versuch, soziale Ungerechtigkeiten auszugleichen, möglich sind. Die Autorin Lisa Lovatt-Smith wollte eigentlich den Kindern in Waisenhäusern helfen. Vor Ort stellte sie jedoch fest, dass viele dieser Kinder gar keine Waisen waren: Ihre Eltern waren noch am Leben, jedoch nicht in der Lage, für ihre Kinder zu sorgen. Das Waisenhaus war für diese Kinder der einzige Schutz vor dem sicheren Hungertod. Nach dieser erschreckenden Erkenntnis gründete Lovatt-Smith 2002 OrphanAid Africa. Die Organisation stärkt seitdem die Familien und Gemeinden, damit kein Kind mehr ohne seine Eltern aufwachsen muss.[48] Back to Life ist ein ebenso beeindruckender Verein. Alles begann mit 100 Dollar Startkapital und Stella Deetjens unbedingtem Willen, einer Gruppe Leprakranker in Indien zu helfen. Heute erreicht sie mit ihren Mitarbeitern etwa 75 000 Menschen.[49]

Wir hören immer wieder solche und ähnliche Geschichten, sind betroffen vom Schicksal der Menschen, vielleicht schockiert und traurig. Das Engagement Einzelner erstaunt und begeistert uns zugleich, aber was folgt daraus? Nichts! Oder zumindest viel zu wenig. Die Erde dreht sich ja trotzdem weiter. Dabei hat jeder jeden Tag in seinem Umfeld die Möglichkeit, diese ungerechte Verteilung von Ressourcen und Chancen auszugleichen. Nicht nur mit Geld, auch mit seinen ganz eigenen Fähigkeiten. Große Konzerne nutzen solche Charity-Projekte für ihr Image, aber auch das noch viel zu selten. Ich frage mich zum Beispiel: Was ist denn eigentlich mit den freien Plätzen in Flugzeugen? Diese Maschinen sind ökologisch eine Katastrophe. Sollten sie da nicht wenigstens immer voll ausgelastet sein? Könnten die freien Plätze nicht an Mütter und Väter vergeben werden, damit diese ihre Kinder (auch über transatlantische Distanzen) regelmäßig besuchen können? Wenn Fluggesellschaften und Familien zusammenfinden würden und ein cleveres Konzept dafür sorgt, dass kein Missbrauch getrieben wird, wäre die Welt doch schon wieder ein kleines bisschen besser.

Und wo wir schon dabei sind: Was ist mit leeren Hotelzimmern? Geschiedene könnten viel häufiger ihre Kinder besuchen, wenn das nicht immer mit immensen Kosten verbunden wäre. Auch Freiwilligenagenturen helfen Menschen aller Altersgruppen dabei, interessante Projekte, Vereine und Initiativen zu finden, um ehrenamtlich Gutes zu tun. Manchmal sind es nur Kleinigkeiten, die für etwas mehr Balance sorgen. Egal ob nah oder fern, wer gewillt ist, soziale Ungerechtigkeit auszugleichen, hat dazu zahlreiche Möglichkeiten. Egal ob mit Kapital, mit Wissen, mit Technik, mit Kreativität …

Wir sollten unsere Scheuklappen ablegen und den Kindern ein wahres Vorbild sein und nicht nur leere Regeln aufstellen.

Das Leben ist ein Nutellabrot – Nachschlag gefällig?

Je mehr Ungerechtigkeit wir in unserem eigenen Leben zulassen, umso mehr tendieren wir dazu, weitere Ungerechtigkeit zu erzeugen. Wir denken dann: „Mir hilft ja auch keiner", „Warum soll ausgerechnet ich mehr für fair gehandelten Kaffee/Kleider/Bananen etc. bezahlen?", „Was ist schon dabei, wenn ich jeden Tag das Auto statt den Bus nehme/mich vordrängle/die Schokoriegelverpackung im Wald wegwerfe?" etc. – Ja, was ist denn schon dabei? Richtig: Nichts. Denn zu solchem Verhalten gehört nur wenig. – Nur: Wie soll jemals etwas besser werden, wenn jeder so denkt? Leider steht dieses Verhalten in Konflikt mit unseren Vorstellungen von Wohlstand und Zufriedenheit. Es suggeriert im ersten Moment vor allem Verlust: Wenn jeder *weniger* Thunfisch kauft … wenn jeder *weniger* Fleisch isst … *weniger* Autofährt… *weniger* Strom verbraucht … *weniger* Wasser verbraucht … was würde das für den Markt bedeuten?! Was würden wir verlieren, bei all dem „weniger"? Wären wir tatsächlicher hungriger? Würde unsere Lebensqualität darunter leiden? Oder würden wir vielleicht sogar etwas gewinnen? Diese Fragen kann jeder nur für sich selbst beantworten. Nur so viel: Ein „Nein" ist immer auch ein „Ja" zu etwas und umgekehrt. Jede unserer Entscheidungen, auch jede unserer Konsumentscheidungen, hat Konsequenzen – für den Markt, für die Händler, für die Produzenten, für die Umwelt und schließlich auch für uns selbst. Die Macht der Großen über die Kleinen ist die eine Sache. Doch bedenken Sie auch, wie viele die „Kleinen" sind. Ein nicht zu unterschätzender Markt, eine nicht zu unterschätzende Menschenmenge.

Gerade in der Familie leben wir, streiten wir und formen wir Gemeinschaft und haben die Kraft, dies nach außen zu tragen. So wie unsere Kinder mit ihren Freunden nachspielen, was sie aus ihrer eigenen Familie kennen und hören, können wir unsere Ambitionen und Ideale in unsere Netzwerke tragen und unseren individuellen Beitrag leisten, um unsere innere und äußere Welt ein kleines bisschen schöner zu machen. Ein kleines bisschen mehr in Balance zu bringen.

PLAN B

„Kann ich die Tüte haben?",
fragt Jesse, 8, auf der Suche nach einem Gefäß, mit dem er das Wasser aus der Spielplatzpumpe sammeln kann.

Spielplätze sind das Beste! Nicht nur für Kinder, auch für uns Erwachsene. Hier zeigt sich das „echte" Leben in all seinen Facetten: Liebe und Wut, Trauer und Schmerz, Freude und Kreativität, Völlerei und Hochgenuss, Eifersucht, Neugier, Forschergeist und auch Spontaneität. Auch wenn Routinen toll sind, gibt es natürlich unglaublich viele Dinge, die unerwartet auf uns einströmen und die beste Routine aus den Angeln heben. Schnupfennasen und Magen-Darm-Viren zum Beispiel, Sonne statt Regen und Regenwetter statt Sonnenschein, das letzte Feuchttuch, wo eigentlich noch eine halb volle Packung sein müsste, oder nasse Unterhosen ohne greifbare Wechselwäsche. Erstens kommt es anders und zweitens als man denkt – ein Spruch, der das Chaos Familie punktgenau beschreibt. Wenn wir gezwungen sind, unsere wundervollen Pläne über den Haufen zu werfen, ist das für uns Erwachsene eigentlich fast immer Stress. An Kindern perlt es ab und sie machen das Beste daraus. Es regnet, obwohl wir in den Kletterwald gehen wollten? Dann gehen wir eben ins Schwimmbad. Wir haben noch Zeit für den Spielplatz, aber kein Sandspielzeug dabei? Dann malen wir eben

Bilder in den Sand, spielen Verstecken oder denken uns was mit Steinchen und Stöckchen aus. Die Karten fürs Puppentheater sind ausverkauft? Dann spielen wir eben selbst Theater, mit Socken und Mützen und Tüchern.

Kinder wissen sehr genau, was sie wollen und mit beziehungsweise von wem. Oftmals gibt es auch ganz schreckliche Wutausbrüche, wenn es nicht nach ihrem Willen geht. So wie wir ins Lenkrad beißen, wenn uns eine Baustelle kostbare Minuten raubt und wir gleich wieder einmal zu spät kommen werden. Kinder lassen sich aber im Gegensatz zu uns von so etwas nicht den ganzen Tag verderben. Meist reicht schon ein geschicktes Ablenkungsmanöver und die Tränen trocknen so schnell, wie sie gekommen sind. Denn Kinder sind flexibel und offen für Alternativen, spontan eben.

Ohne Kinder war ich auch noch spontan. Da konnte ich noch von jetzt auf gleich entscheiden, denn ich war ja nur für mich verantwortlich, aber mit Kindern? Nein, das war einmal ... Stopp! Quatsch mit Soße! Ich bin immer noch spontan, wir alle sind immer noch spontan. Zum Beispiel wenn Ihnen Schmutz in die Augen fliegt, schließen Sie diese – spontan. Wenn Sie sich die Hand verbrennen, zucken sie schnell zurück – spontan. Und wenn Sie eine Mücke sticht, schlagen Sie zu – spontan. Spontaneität ist wie eine Art Überlebensreflex. Ohne groß nachzudenken, reagieren wir auf Gefahren, Schmerz oder Stolpersteine. Und natürlich auch auf die Geburt unserer Kinder, denn die ist in der Regel auch … spontan! Wir haben uns Namen ausgedacht, Babykleidung gekauft, ein Kinderzimmer eingerichtet, mehr ließ sich jedoch nicht planen. Und es war doch okay so, oder? Wir haben das Beste daraus gemacht.

Die Geburt meines ersten Kindes war und ist für mich der Maßstab für so manches: Nach diesen Schmerzen kommen mir alle folgenden lächerlich vor. Nachdem meine Hebamme mehrere Stunden zwischen meine Beine geblickt hat und wildfremde Krankenschwestern mit mir auf Toilette gegangen sind, wurde meine Schamgrenze völlig neu definiert. Und so, wie dieser kleine Winzling unseren Alltag und unsere Gewohnheiten durcheinandergewirbelt hat, habe ich ein nie geahntes Improvisationstalent entwickelt und gelernt – ganz spontan – auf (fast) jede Situation zu reagieren. Denn Spontaneität bedeutet nicht nur, witzig und schlagfertig zu sein oder von jetzt auf gleich über die Abendgestaltung entscheiden zu können. Es geht dabei vor allem um das Glück des einen Momentes, das wir trotz unverhoffter Zwischenfälle in den nächsten Moment retten wollen und können. Es geht um Zufriedenheit, auch wenn nichts so läuft wie geplant. Es geht darum, flexibel und anpassungsfähig zu bleiben.

Täglich stolpern wir in unerwartete Situationen. Das Leben ist Veränderung. Nun können wir uns den ganzen Tag darüber grämen, dass etwas nicht so läuft, wie wir das gerne hätten, oder versuchen, das Beste aus der Situation zu machen. Wir können wie ein begossener Pudel in unserem Selbstmitleid versinken oder versuchen, anpassungsfähig zu bleiben und uns nicht von den Wellen hin und her werfen zu lassen, sondern den Sturm annehmen und das Ruder selbst in die Hand nehmen. Wir können „dem Schicksal in den Rachen greifen“[50] und auch in der neuen Situation glücklich werden.

***

Erinnern Sie sich an: Ich füttere jetzt noch schnell das Kindlein, pack dann die Windeln und Wechselsachen zusammen, ach so, noch schnell mein Handy einpacken und vielleicht eine warme Jacke, ein letzter Blick auf die Uhr, Mist, schon viel zu spät, na gut, wir können jetzt los, Baby sitzt auch schon in seiner Autoschale ... hm, guckt komisch – und spuckt die ganze schöne Milch wieder aus. Na super! Also alles zurück auf Start. Baby ausziehen, sauber machen, anziehen und hoffentlich irgendwann doch noch das Haus verlassen.

Die Hürden des Alltags fordern von uns Wandelbarkeit, auch das Leben als Familie und unser Erfolg im Job. Auf allen Ebenen müssen wir uns täglich Herausforderungen stellen und fühlen uns oftmals fremdbestimmt. Kann mal bitte alles einfach so laufen, wie ich das gern hätte? Nö! Rettender Strohhalm ist die Spontaneität und mit ihr die Improvisation.

Sie mögen aber nicht spontan sein und Unerwartetes ist Ihnen zu überraschend? Überraschung! Mit Kindern sind Sie doch schon mittendrin. Schon jetzt ist Ihr Leben wahrscheinlich genauso wie meines längst ein einziges „Na gut, dann eben doch ganz anders", oder? Wahrscheinlich sind Sie schon längst eine Meisterin oder ein Meister der Improvisation. Anstatt das als positive Stärke anzusehen, empfinden Sie Ihr Improvisationstalent jedoch als Makel. Ich würde auch gern zu diesen perfekten durchorganisierten Müttern gehören, die in kleinen Plastikdöschen immer fein geschnittenes Obst und Gemüse dabeihaben, Taschentücher, Sonnencreme, Windeln und Wundsalbe. Ich habe stattdessen gelernt, das Beste aus den Möglichkeiten zu machen, die mir zur Verfügung stehen. So wie die anderen 98 Prozent der Mütter und Väter auf dem Spielplatz. Wenn der Buddeleimer fehlt, wird kurzerhand der Kaffeebecher umfunktioniert. Wenn die Wechselsachen vergessen wurden, verwandelt sich das T-Shirt des größeren Geschwisterkindes in ein schickes und vor allem trockenes Kleidchen für das Krabbelkind. Vater und Sohn spielen vergnügt Frisbee – mit einem Plastikdeckel. Und Beulen können auf dem Spielplatz auch supergut mit Tiefkühleis vom Kiosk um die Ecke notversorgt werden.

Sie sehen: Spontaneität schlummert in jedem von uns und Improvisation ist etwas Großartiges. Beides können wir trainieren wie einen müden Muskel. So stärken wir das Selbstvertrauen, was immer kommt, meistern zu können, und es hilft uns anzunehmen, was wir einfach nicht ändern können. Wichtig ist jedoch, unser Improvisationstalent als solches zu respektieren. Es ist keine Schwäche, sondern eine Stärke. Trainieren Sie und lernen Sie darauf zu vertrauen, in jeder überraschenden Situation das Ruder zu Ihren Gunsten herumreißen zu können. Nicht nur im täglichen Kinderwahnsinn, natürlich auch im Job. Spontaneität schenkt uns mehr Raum für Lebendigkeit, Freude und Authentizität.

Natürlich kann es sehr beruhigend sein, jeden Tag in das gleiche Büro, zu den gleichen Kollegen, zu den immer gleichen Aufgaben und Gesprächen zurückzukehren. Ich bestelle seit Jahren in jedem indischen Restaurant, das ich besuche, das gleiche Gericht, weil ich weiß, dass es mir sehr gut schmeckt. Solange es immer auf der Speisekarte steht, muss ich auch nicht improvisieren. Aber trotzdem frage ich mich jedes Mal: Will ich wirklich wieder Palak Paneer essen? Anders gesagt: Wollen wir überhaupt, dass immer alles jeden Tag gleich glatt läuft? Oder ist es gerade das Überraschende, was sich nach Leben anfühlt?

Überraschende Situationen schenken uns allerdings nicht immer unmittelbar Freude. Aber spätestens dann, wenn sich das Chaos gelichtet hat und wir eine Lösung gefunden haben. Oder wenn wir akzeptieren, wie es ist, und aufhören zu jammern und zu schimpfen und uns zu fragen, warum das jetzt schon wieder ausgerechnet uns passieren muss. Ist es die verschwendete Zeit? Das verdorbene Outfit? Die Blicke der anderen? Es ist immer hilfreich, die Essenz des eigenen Ärgers zu ergründen. Bei Kindern ist es die Wut, die Schaukel nicht jetzt sofort benutzen zu können. Wir Eltern lenken ihre Aufmerksamkeit dann auf etwas anderes Schönes. Wir verstehen, dass der Ärger daher rührt, dass unsere Kinder jetzt sofort Spaß haben wollen, und bieten ihnen eine Alternative. Wenn nicht mit der Schaukel, geht das Spaßhaben eben anders.

Warum sich also um den Schnee von gestern kümmern, wenn heute die Sonne scheint? Vielleicht, weil der Schnee von gestern auch manchmal peinlich sein kann? Locker zu bleiben und positiv zu denken, wenn sich das Kind an der Supermarktkasse in die Hose macht, grüner Rotz sich den Weg in den Kindermund bahnt und weit und breit kein Taschentuch in Sicht ist. Oder wenn uns andere Eltern ansprechen, weil wir den wirklich wichtigen Elternabend vor zwei Tagen verpasst haben, ist das wirklich nicht leicht. Auch wenn wir in vielen Momenten, die unsere Spontaneität herausfordern, unangenehm berührt sind, so zeigen wir in diesen Momenten immer unser wahres Gesicht. Wir selbst mögen es als peinlich empfinden, andere sind froh darüber. Natürlich schadenfroh, weil sie diesmal vom Schicksal verschont geblieben sind, aber auch glücklich zu sehen, wie wenig perfekt wir sind. So wie wir alle, liebenswert, menschlich, verletzlich und chaotisch. Aber genau diese Ecken und Kanten machen unsere Persönlichkeit aus.

Das Leben ist ein Nutellabrot – Nachschlag gefällig?

Sehnen Sie sich nicht auch manchmal nach ein bisschen Abenteuer? Oder wollen Sie einfach gelassener und selbstbewusster werden im Umgang mit unverhofften Situationen? Der Alltag bietet reichlich Gelegenheit, Ihr Improvisationstalent zu trainieren. Lernen Sie wieder Ihrer Kreativität, Flexibilität und Spontanität zu vertrauen: Spielen Sie Tourist und fragen Sie doch zum Beispiel einfach mal eine fremde Person nach ihrem Lieblingsrestaurant und testen Sie dieses. Verzichten Sie im nächsten Meeting bewusst auf Ihre Unterlagen und improvisieren stattdessen. Probieren Sie etwas Neues aus! Ballett? Schach? Modellbau? Warum nicht! Hören Sie auf Ihr Bauchgefühl und haben Sie keine Angst, etwas falsch zu machen. Ihre Instinkte und Fähigkeiten werden Sie nicht im Stich lassen. Bleiben Sie offen für den Moment und die vielseitigen Angebote des Lebens. Lassen Sie sich einen Film empfehlen, eine CD oder ein Buch und lassen Sie sich darauf ein, auch wenn es im ersten Moment nicht das ist, was Sie selbst ausgesucht hätten. Oder was halten Sie von einem „Ja-Tag“ im Monat, an dem Sie grundsätzlich erst einmal zu allem „Ja“ sagen? Versuchen Sie, die jeweilige Situation anzunehmen. Atmen Sie durch und lassen Sie Ihr Bauchgefühl ans Ruder. Oder wie wäre es mit einem Überlebenstraining in der freien Natur? Wenn Sie sehen, wie wenig Sie zum Leben brauchen, lernen Sie automatisch Ihre Instinkte wieder neu kennen und auf Ihre Fähigkeiten zu vertrauen. Das Unerwartete verliert seinen Schrecken, wenn wir es als Chance betrachten. Versuchen Sie, an den Herausforderungen zu wachsen!

KATZEN
VERBOTEN

SANKTIONSRESISTENZ

„Nö!!!“
Mathilda, 2, um drei Uhr morgens auf die strenge Bitte ihrer Mutter, doch bitte jetzt in ihrem eigenen Bett weiterzuschlafen

Kinder sind nicht nur lieb und süß und brav und putzig. Sehr oft wird's unbequem für uns Erwachsene, denn sie geben auch ordentlich Kontra.

Als Mister Mir-doch-egal und Miss Aber-trotzdem verteidigen meine beiden immer wieder hartnäckig ihren Standpunkt. Im Schwimmbad springen sie noch mal ins kalte Wasser. Und dann noch mal und noch mal, obwohl ihre Lippen schon violett verfärbt sind. Sie stopfen sich mit beiden Händen hastig Schokolinsen in den Mund, bevor ich ihnen die Tüte wegnehmen kann. Schmuggeln trotz Verbot in ihren Hosentaschen Spielzeug in die Schule oder Kita und rennen scheinbar bis ans Ende der Welt, Hauptsache, sie schinden noch ein bisschen Zeit heraus, bevor es ins Bett geht. Und während ich mir noch einzureden versuche, dass sie ihre Dickschädel ganz bestimmt von ihrem Papa geerbt haben, ertappe ich mich bei dem Gedanken, wie herrlich es wäre, wenn ich genauso unbeirrt und dickköpfig durchsetzen könnte, was mir wichtig ist. Wenn Kinder etwas wirklich unbedingt wollen, hilft kein Druck und keine Drohgebärde, sie versuchen es trotzdem.

Wir Erwachsenen sind zwar oft starr und unbeweglich in unserem Handeln, stehen wir jedoch unter Druck, geben wir nach wie weiche Butter. Die Kinder schreien, die Freundin nörgelt, der Partner mault, der Chef tobt und jeder bekommt seinen Willen, nur wir nicht, denn wir ordnen uns lieber unter. Und so lesen wir hundemüde noch eine dritte Gutenachtgeschichte vor, analysieren mit der Freundin gründlich alle SMS des neuen Liebhabers, schauen uns im Fernsehen langatmige Fußballspiele an, arbeiten für wenig Geld, machen Überstunden und Dienstreisen, obwohl wir nicht wollen, und trauen uns nicht, dem Vorgesetzten die Stirn zu bieten oder auch nur Alternativen vorzuschlagen.

Bei meinen Kinder rolle ich entnervt mit den Augen und komme mir vor wie auf einem türkischen Basar, wenn sie anfangen zu feilschen: nur noch ein Bonbon, nur noch einen Trickfilm, wenn ich jetzt länger spielen darf, arbeite ich morgen ganz fleißig in meinem Wochenplan weiter. Aber wäre es nicht wunderbar, wenn wir im Job auch so verhandeln könnten? Viel motivierter würden wir uns den Aufgaben widmen. Natürlich kann kein Arzt eine lebensrettende OP auf morgen verschieben, bloß weil im Kindergarten Sommerfest ist oder er gerade das schöne Wetter am See genießen will. Aber auch wenn es nicht um Leben und Tod geht, so geht es bei den meisten von uns um die finanzielle Sicherheit. Und daher lassen vor allem wir Mütter uns viel zu leicht unter Druck setzen, statt nach Alternativen zu suchen. Es muss doch möglich sein, die Arbeitsbedingungen an die Bedürfnisse von Familien anzupassen! Und wieso geht es in diesem Zusammenhang eigentlich immer um „die Frauen"? Warum nicht auch um „die Männer"? Ist es so selbstverständlich, dass nur wir Frauen unsere Karriere zurechtstutzen, damit für die Familie auch noch Zeit ist? Acht Millionen Familien mit minderjährigen Kindern leben in Deutschland und versuchen so etwas wie eine familientaugliche Work-Life-Balance zu konstruieren. Aber den meisten berufstätigen Eltern fällt es schwer, Job und Familie unter einen Hut zu bekommen. Entweder haben wir durch Zeitmangel ein schlechtes Gewissen den Kindern gegenüber oder wir setzen uns selbst unter Druck, um Vorgesetzten und Kollegen zu beweisen, dass wir das natürlich alles so was von im Griff haben. Das funktioniert so lange, bis ein Kind krank wird (schon wieder?) oder die Erzieher streiken (schon wieder?) oder Termine abgesagt werden müssen, weil der Babysitter kurzfristig doch nicht kann (schon wieder?).

***

Für viele Frauen folgt auf die Geburt eines Kindes ein Karriereknick. Nur wenige Mütter mit Kindern unter drei Jahren entscheiden sich für einen Vollzeitjob, denn das bedeutet, die Kinderbetreuung an eine Tagesmutter, Kindertagesstätte oder ein Au-pair abzugeben. Die meisten reduzieren ihre Arbeitsstunden und tolerieren, dass die spannenden Aufträge fortan an die Vollzeitkollegen gehen. Manche nutzen die Babypause aber auch gezielt, um in einer anderen, eventuell kinderfreundlicheren Branche Fuß zu fassen. Fakt ist: Die wenigsten Berufe sind wirklich familienkompatibel. Wahr ist aber auch: Viele von ihnen könnten es sein, wenn Chefs, Industrie und Wirtschaft sich dafür öffnen würden. Aber weil eben auch fast niemand danach fragt oder sich getraut, hartnäckiger seine Arbeitszeiten zu verhandeln oder sich Absagen nicht mehr gefallen zu lassen, gibt es auch keinen Grund für eine schnelle Veränderung. Entlastende Möglichkeiten wie Gleitzeit oder Homeoffice bilden noch immer die Ausnahme. Die Soziologin Jutta Allmendinger hat eine besonders charmante Alternative. Sie ist für eine Umverteilung der Arbeitszeit und macht sich für eine 32-Stunden-Woche stark – für alle, nicht nur für Väter und Mütter. So hätte jeder die Chance auf Karriere und mehr Zeit für Familie, Freizeit und Erholung.[51]

Die meisten von uns haben vielleicht geahnt, dass es schwieriger werden würde mit Karriere und Kind, aber hätten wir uns deswegen dagegen entschieden? Nein! Wir wollten trotzdem eine Familie. Und die Karriere? Noch nie hatten wir Frauen so viele Chancen. Und nun sollen wir überqualifiziert in der Teilzeitfalle verharren? Uns dem Schicksal der Mütter ergeben und die Karriereleiter verstauben lassen? Warum versuchen wir nicht trotzdem, beruflich weiterzukommen? Warum kämpfen wir nicht um Bedingungen, die beidem entsprechen, unserer Qualifikation und unserem Anspruch an das Familienleben? Mit Kindern verschieben sich die Prioritäten, gar keine Frage. Das heißt aber doch nicht, dass wir auf Erfolg verzichten müssen. Die Zeit, in der unsere Kinder auf uns angewiesen sind, ist im Verhältnis zum gesamten Berufsleben schwindend gering. Sechs Jahre? Vielleicht acht? Was spricht also dagegen, sich um die lieben Kleinen zu kümmern und trotzdem die Karriere im Blick zu behalten? Vielleicht ist diese Phase genau die richtige Zeit, die eigenen Potenziale unter die Lupe zu nehmen und eine Karriere anzugehen, die uns bis zum Rentenalter Erfolg, Glück und Zufriedenheit verspricht. Vielleicht ist jetzt tatsächlich die beste Zeit, das umzusetzen, was wir schon immer wollten. Wir können uns komplett neu erfinden! Nach dem Motto: Mir doch egal, was andere sagen! Ich mache es trotzdem! Oder wir können uns weiterbilden und dafür sorgen, dass unser Wissen aktuell bleibt und die Karriereleiter eben nicht einstaubt.

Wer sagt denn, dass wir uns nur noch um unsere Kinder kümmern und die Karriere vergessen sollen? Oder dass wir unsere Kinder fremdbetreuen lassen sollen, um uns ganz unserer Karriere zu widmen? Machen wir es doch genau so, wie wir wollen! Es ist unser Leben, es sind unsere Entscheidungen. Egal was andere denken oder wollen.

Manchmal treibt mich meine Tochter in den Wahnsinn. Sie macht, was sie will – Aber-trotzdem! Nahezu täglich spielen wir dieses Spielchen. Sie gibt mir nicht einmal einen Hauch des Gefühls, ich hätte hier und vor allem ihr irgendetwas zu sagen. Ich entscheide. Und Sie? Auch! Aber-trotzdem! Doch wo wäre ich heute ohne mein eigenes Aber-trotzdem? Wie oft haben mir Menschen – Freunde, Verwandte, Bekannte, Lehrer, Kollegen, wohlmeinende Ratgeber – gesagt, ich soll dieses oder jenes machen oder lassen, und ich habe mich trotzdem für einen anderen Weg entschieden. Und heute bin ich froh über diesen Weg. Auch, wenn es vielleicht manchmal der steinigere war, so war es doch mein Weg. Rückblickend setzen sich all die Entscheidungen wie Puzzlestücke zusammen und ergeben ein Bild, dessen Sinn sich mir nach und nach offenbart. Häufig sind unsere Gedanken eigentlich die Unsicherheiten und Ängste anderer. Sie trauen sich selbst nicht, ihre Komfortzone zu verlassen, und wollen uns einreden, dass wir das auch nicht können. Sie haben schlechte Erfahrungen gemacht und denken, uns werde es genauso ergehen. Sie projizieren ihre Ängste auf uns und lähmen dadurch unsere Entscheidungen. Trüben unseren Blick auf das, was wir können und wollen. Und anstatt wie unsere Kinder zu antworten: „Ich mach das aber trotzdem! Mir doch egal!“, lassen wir uns von fremden Ängsten verunsichern und begrenzen dadurch unsere Potenziale.

Wir können Beruf und Familie unter einen Hut bekommen, wir müssen nur nach Lösungen suchen. Sei es in einer anderen Branche oder in der Konfrontation mit unserem Arbeitgeber. Gerade Eltern haben die Chance, durch ihre Kinder einen Karrierekick statt Karriereknick zu bekommen. So vielen neuen Herausforderungen und Aufgaben müssen sie sich stellen. Sie müssen Verantwortung übernehmen, das lässt sie wachsen und reifen. Das macht sie zu kostbaren, kreativen und fokussierten Arbeitskräften. Wer weiß, wofür er arbeitet, ist motiviert. Wer weiß, wie viel Zeit er dafür zur Verfügung hat, ist effektiv.

Lassen Sie sich nicht unter Druck setzen. Erklären Sie Ihren Standpunkt, kreieren Sie Alternativen, eröffnen Sie Kompromisse. Wenn Ihnen etwas an einer Lösung liegt, werden Sie einen Weg finden voranzukommen. So wie unsere kleinen Miss Aber-trotzdem und Mister Mir-doch-egal immer wieder auf ihre ganz eigene Art ihren Willen durchsetzten und gerade dafür von uns so geliebt werden.

Das Leben ist ein Nutellabrot – Nachschlag gefällig?

Böse Zungen behaupten: Kinder sind nicht resistent, sondern renitent. Ja gut, vielleicht auch das, aber warum denn auch nicht? Sollten wir uns einmal auf dem Spielplatz begegnen, dann sehen Sie mich vielleicht in wilden Debatten mit meinen Kindern. Denn auch wenn diese Haltung im Alltag mit Kindern einem Gladiatorenkampf gleicht und anstrengender ist als jeder Marathon, so denke ich doch, dass es grundsätzlich gut ist, wenn jemand weiß, was er will, und alles daransetzt, sein Ziel auch zu erreichen. Als Johann Wolfgang von Goethe sagte: „Wichtige Dinge dürfen nie den unwichtigen untergeordnet werden", meinte er vielleicht nicht den Unterschied zwischen Sandburg und

Abendessen, Schokoladeneis und Vollkornbrot oder Sommerschuhen und Gummistiefeln. Aber vielleicht, dass es so viel wichtiger sein kann, ein Bild noch zu Ende zu malen, den Comic noch fertig zu lesen oder noch ein bisschen an der Fensterscheibe zu träumen, als Punkt sechs Uhr zu Abend zu essen.

Jeden Tag versuchen wir, unsere Kinder in Zeitpläne, Unterrichtsprogramme und schicke Kleider zu quetschen. So vieles davon wollen sie nicht. Statt ihnen dabei zu helfen, sich zu entfalten, statt ihnen dabei zu helfen, nach den Sternen zu greifen, halten wir sie an der kurzen Leine, wollen wir sie zurechtbiegen und in Normen pressen, bis sie in der Masse verschwimmen. Damit wir bloß nicht auffallen. Dabei würden so ein bisschen Widerstand und Eigenwille auch uns gut stehen.

Überlegen Sie einmal: Was gehört denn für Sie zu den wichtigen Dingen? Was würde Ihr Leben bereichern und kommt vielleicht gerade viel zu kurz? Und warum?

ZU FRÜH

DER FRÜHE VOGEL FÄNGT DEN WURM

„Wann steht ihr denn äähndlich auf? Wir haben Huungäär!“
Meine Kinder, jeden Sonntagmorgen gegen 6.38 Uhr

Der frühe Vogel? Der kann mich mal! – Fehlanzeige! Mit Kindern fällt der frühe Vogel mit der Tür ins Haus. Nur noch einmal umdrehen und ein winziges bisschen länger ins warme Bett kuscheln? Keine Chance! Die Sonne geht auf und mit ihr öffnen sich die Augen der Kinder. Bamm!, sind sie wach, und Krawusch!, springen sie zu den Eltern ins Bett. Augenlider werden hochgeschoben, Küsschen verteilt, Nasenspitzen gestupst, Haare zerwuschelt, bis sich wenigstens ein Erwachsener endlich wie ein arthritischer Greis aus dem Bett quält. Zum Glück ist nach dem ersten Kaffee schon alles nur noch halb so schlimm. Die Zeiten, in denen die Wochenenden selten vor zehn, in der Regel gegen zwölf Uhr begannen, sind nur noch vage Schatten einer längst vergangenen Zeit. Als Eltern haben wir um diese Zeit schon gefrühstückt, waren auf dem Markt, dann noch auf dem Spielplatz und mit den Gedanken sind wir schon längst bei der Planung des Mittagessens. Mit Kindern beginnt jeder Tag nicht nur viel früher, mit Kindern sind wir auch gezwungen zu planen. Das beginnt bereits vor der Geburt mit Arzt- und Hebammenterminen, den Überlegungen zum beruflichen Aus- und Wiedereinstieg und den notwendigen Umbauten in der Wohnung. Ist der Nachwuchs erst auf der Welt, bestimmt der Rhythmus der Still- und Essenszeiten des Babys den Tag, planen wir unsere Spaziergänge nach potenziellen Wickelmöglichkeiten und dem Vorhandensein kinderwagenfreundlicher Geschäfte. Wir lernen, wie wichtig regelmäßige Rituale und Abläufe für ausgeglichene, glückliche Babys sind. So nach und nach lernt unser Nachwuchs tatsächlich, wann es Zeit ist für die jeweiligen Mahlzeiten und wann der Tag sich dem Ende neigt und die Schlafenszeit beginnt.

Was unseren Kindern Ruhe, Sicherheit und Zufriedenheit vermittelt, bekommt auch uns Erwachsenen sehr gut. Wer regelmäßig seine drei (maßvollen) Mahlzeiten isst, hat auch nicht mit Heißhungerattacken oder dem Jo-Jo-Effekt zu kämpfen. Wer seinen Alltag strukturiert, findet die Gelassenheit, Arbeitszeit, Kinderspielzeit und Feierabend als solche auch anzunehmen. Alles hat seine Zeit. Wenn ich jede Phase intensiv wahrnehme, kann ich mich viel besser auf meine unterschiedlichen Aufgaben fokussieren. Als „Working Mom" bin ich im Job produktiver als je zuvor. Schließlich möchte ich in den wenigen Stunden, die mir zur Verfügung stehen, keine Kaffeekränzchen abhalten, sondern effizient arbeiten und Ergebnisse abliefern. Heute genieße ich die Businesswelt der Erwachsenen viel mehr, denn sie ist ein wunderbares Kontrastprogramm zu Spielplätzen, Läusen und Geschwisterstreit. Ist meine Zeit dort vorbei, freue ich mich auf die mit meinen Kindern und eine wunderbar andere Welt öffnet sich. Liegen die zwei dann kaputtgespielt, glücklich und zufrieden in ihren Betten, kann ich den Abend genießen – faul auf der Couch oder im Nachtleben. Die Herausforderung hierbei: im Hier und Jetzt zu leben. Das Vorhin ist vorbei und das Später kommt noch früh genug. Das gilt für alle Termine und Aktivitäten, egal ob Arbeit oder Freizeit. Und das gelingt nur mit einer durchdachten Planungsstrategie. Wenn ich die ganze Zeit damit beschäftigt bin zu überlegen, ob ich etwas vergessen habe oder woran ich später noch arbeiten möchte, bin ich alles andere als im Hier und Jetzt.

Ich kann nicht sagen, dass ich in Jubelschreie ausbreche, wenn mein Wecker morgens klingelt. Meine Augen sind an sehr vielen Tagen wirklich noch sehr, sehr klein, jede weitere Minute im Bett ist die pure Verlockung und obwohl ich meine Kinder unglaublich liebe, könnte ich auf Liebesbekundungen „mitten in der Nacht" gut verzichten. Fakt ist jedoch: Wer früh aufsteht, hat mehr vom Tag. Wer dann auch noch weiß, was er mit seiner Zeit anfangen will, ist klar im Vorteil.

Wissen Sie morgens schon, was Ihnen der Tag bringen soll, was Sie erleben und erledigen wollen? Wir Erwachsenen haben ja grundsätzlich immer extrem viel zu tun, wissen meist nicht, wo uns vor lauter Arbeit der Kopf steht, und bräuchten mindestens einen 30-Stunden-Tag, um unser tägliches Pensum abzuarbeiten. Aber die wenigsten sind so strukturiert und diszipliniert, ihre Pläne auch umzusetzen. Irgendetwas ist immer: ein wichtiger kurzfristiger Termin, ein längeres Telefonat, eine schwierige Aufgabe, die hin und her geschoben wird. Selten blicken wir abends zufrieden auf den Tag zurück. Viel häufiger fühlen wir uns fremdbestimmt, sind erschöpft und ausgelaugt und erschrocken, wie wenig wir wieder geschafft haben.

***

Weil mir das nicht gefällt, plane ich. Am besten gleich morgens im Bett. In Gedanken gehe ich durch, was ich von dem Tag erwarte, was ich erledigen möchte und warum es sich wieder einmal lohnt, sich in die Welt da draußen zu stürzen. Zettel und Stift auf dem Nachttisch sind verlässliche Helfer. Mit dieser Produktivität lege ich den Grundstein für die folgenden Stunden. Und dann hilft nur gute Laune. Es ist ein neuer Tag, der da auf mich und meine Familie wartet, frisch und rein und voller Gestaltungsmöglichkeiten. Die Chancen stehen zu diesem Zeitpunkt noch echt gut, dass es ein ganz wunderbarer Tag wird. Und selbst wenn der eine oder andere unangenehme Tagesordnungspunkt sich wirklich nicht schönreden lässt, so findet doch sicherlich jeder von uns etwas, worauf es sich zu freuen lohnt. Die schlaffaltige Mimik verwandelt sich in ein Lächeln und stimmt uns bei aller Müdigkeit positiv auf den Tag ein. Das ist vor allem zu Jahreszeiten, in denen die Sonne sich rar macht, wahrlich Gold wert.

So starten wir in den Tag. Und dann? Auf das reagieren, was uns vor die Füße fällt, oder lieber proaktiv agieren? Wer Pläne schmiedet, hat die Möglichkeit, in einer ruhigen Minute zu überlegen, was alles erledigt werden soll, und kann gleichzeitig sortieren, wann der beste Moment dafür sein könnte. Und dann ganz einfach systematisch vorgehen: Das Wichtigste zuerst, verteilt auf den Tag, die Woche, den Monat, das Jahr. Nicht nur, welche beruflichen Termine Sie haben und wann die Geschenke für welche Geburtstage besorgt werden müssen, sondern auch, wann Sie Freunde treffen wollen und Zeit für Sport oder Wellness einplanen möchten. Lassen Sie auch Puffer für Unvorhergesehenes. So erschaffen Sie ein Gerüst für die Arbeitsphasen und erlauben sich zugleich auch eher Phasen der Entspannung.

Plötzlich steht es da schwarz auf weiß und führt uns vor Augen, ob Anspannung und Entspannung sich in unserem Leben die Waage halten. Mal ehrlich: Reichen Ihnen wirklich die wenigen Wochen Urlaub im Jahr und die neun bis dreizehn Feiertage (Bayern hatte 2013 als einziges Bundesland 13 gesetzliche Feiertage)? Erlauben Sie sich mehr Zeit für sich selbst. Sie müssen es nur planen. Und auch wenn es vielleicht merkwürdig klingt: aufschreiben. Wir rennen in unserem Hamsterrad und kommen doch nicht voran. Wir haben all diese Technik (schnelle Computer, Smartphones, Waschmaschine, Spülmaschine, Flugzeuge, Autos …), die uns hilft, schneller zu agieren, und doch haben wir nicht genug Zeit. Ziehen Sie doch für einen Moment die Handbremse, vergessen Sie all das „höher, schneller, weiter". Wie lange soll das denn noch so weitergehen? Nehmen Sie sich auch Zeit für sich selbst, denn das machen wir viel zu wenig. Fragen Sie sich: Was sind eigentlich meine Ziele? Visionen? Werte? Welche Aufgaben kann ich vielleicht delegieren und was mache ich besser selbst? Wie viele Pausen brauche ich? Muss mein Telefon immer an sein oder besser aus oder etwas dazwischen? Checke ich meine E-Mails ganztägig immer wieder oder reicht es auch, sie nur morgens und abends zu lesen und zu beantworten? Wie erhole ich mich am besten? Wie viel Zeit brauche ich für Freunde und Familie? Wenn Sie diese Fragen für sich beantwortet haben, sind Sie schon einen entscheidenden Schritt zu einem effektiven und fokussierten Tagesablauf gegangen. So haben Sie eine erste Struktur für eine bessere Energiebilanz.

Unabhängig davon, wie professionell wir unseren Job strukturieren, im Privatleben reagieren wir häufig nur, anstatt bewusst zu agieren. Natürlich lassen sich Schnupfen & Co. nicht wirklich planen, aber wer vorsorglich einen Wochenplan aufgestellt hat, sieht zumindest, was die wichtigsten Termine sind und was noch warten kann, was wohin geschoben und was eventuell delegiert werden muss. Wer das für sich gut geplant hat, kann dann auch wieder ganz spontan reagieren und muss sich keine Sorgen machen, etwas Wichtiges aus den Augen zu verlieren, nur weil mal wieder erstens alles anders kommt und zweitens als gedacht.

Wer sich aktiv mit seiner Zeit beschäftigt, sieht außerdem, wie viel Zeit ihm wofür zur Verfügung steht. Wir sind es heutzutage gewohnt, alles immer jetzt und sofort zu bekommen und im Umkehrschluss auch jetzt und sofort zu liefern. Viele von uns sind tatsächlich nur unerreichbar, während sie schlafen. Manches braucht jedoch Zeit. Egal ob Ideen, Projekte, Liebe, Familien, Freundschaften, sie alle müssen aufmerksam gepflegt werden und wachsen nur langsam. Die besten Lehrer in Sachen Geduld sind unsere Kinder. Es braucht eben seine Zeit, bis sie aufgegessen haben, ausgeschlafen sind, lernen zu sprechen und zu laufen. Da hilft kein Drängeln und kein Schubsen, nur Geduld. Und manchmal kommt eben alles anders als gedacht. Wer einen Puffer eingeplant hat, muss auch nicht schockiert und panisch reagieren, sondern kann sich gelassen auf alles einstellen. Geduld ist nicht wirklich meine Stärke und ich weiß, dass ich damit nicht allein bin. Irgendwie haben wir unser Gefühl für Zeit etwas verloren und wollen alles immer jetzt und sofort. Wer hat denn schon wirklich viel Zeit? Wir! Wir haben so viel Zeit. Glauben Sie nicht? Dann frage ich Sie: Schauen Sie viel Fernsehen? Wenn ich von täglich drei Stunden Fernsehen ausgehe, sagen wir jeden Tag von 20 bis 23 Uhr (Studien sagen, im Durchschnitt sind es sogar 235 Minuten)[52], hätten wir zum Beispiel 24 Stunden jede Woche, die Sie, vorausgesetzt, die Kiste bleibt aus, extra zur Verfügung hätten. Ein ganzer Tag, geschenkt! 96 Stunden im Monat, 1152 Stunden im Jahr! Nur für uns. Keine Arbeit, keine Pflichten, freie Zeiteinteilung, Sie können tun, wonach Ihnen der Sinn steht. Vielleicht gehört Fernsehen zu Ihrer Form von Lebensqualität, der dringende Input nach einem ganzen Tag Output – dann ist das eben so. Sollte es Ihnen jedoch wie mir gehen und Sie sich meist nur aus Gewohnheit berieseln lassen, dann fühlen Sie sich inspiriert, daran etwas zu ändern. Nutzen Sie Ihre Zeit für Dinge, die Ihnen vielleicht doch etwas wichtiger sind. Welche das sind, könnten Ihnen die Antworten auf folgende Fragen sagen: Wofür können Sie sich begeistern? Über welche Erfolge haben Sie sich in letzter Zeit besonders gefreut? Wann hatten Sie das Gefühl, Ihre Zeit verschwendet zu haben und bei welcher Tätigkeit verging sie wie im Flug? – Finden Sie heraus, wie Sie Ihren Tag sinnvoll bereichern können. Auch für Glück und Entspannung sollte sich jeder von uns unbedingt Zeit nehmen. Wir empfinden diese Termine meist als „weiche" Termine, die wir als Erstes verschieben oder sogar streichen. Aber es kommt so oft etwas dazwischen, was ganz furchtbar dringend ist. Zeit für Glück und Entspannung ist aber auch ganz furchtbar dringend. Deshalb sollten Sie auch diese „weichen" Termine in Ihren Kalender einmeißeln. Wenn dann der frühe Vogel wieder mit der Tür ins Haus fällt, haben Sie allen Grund, dem neuen Tag entgegenzulachen.

Das Leben ist ein Nutellabrot – Nachschlag gefällig?

Wer einmal zu spät gekommen ist, weiß, wie sich dieses unangenehme Gefühl durch den ganzen Tag ziehen kann und alles Weitere dadurch negativ beeinflusst wird. Ich könnte jetzt sagen: Wenn ich weiß, dass mein Kind auch in der größten Hektik Blätter auf dem Weg sammelt, Blumen pflückt oder in aller Ruhe zwischen Bodenplatten balanciert, um die Striche dazwischen nicht zu berühren, wenn ich also weiß, dass der Fußmarsch mit Kind dreimal länger dauert als ohne Kind, kann ich versuchen, diese Extrazeit von vornherein einzuplanen. Wenn ich weiß, dass ich hungrig immer ungesunden Mist in meinen Einkaufswagen packe, kann ich den Wochenendeinkauf so planen, dass ich davor zumindest noch Zeit für einen Snack habe.

Viele Termine lassen sich jedoch nicht einfach so verschieben. Ich kann meine Kinder nicht früher oder später in die Schule oder zu ihren Nachmittagsaktivitäten bringen. Ich kann meine beiden Kinder, sie sind fünf und acht, auch nicht einfach um 18 Uhr ins Bett stecken, nur um mehr Zeit für mich am Abend herauszuschlagen. Und ich kann und will auch nicht ständig zu spät kommen und mich damit entschuldigen, dass meine Kinder eben ein anderes Zeitverständnis haben als ich und die meisten anderen Erwachsenen. Aber wir sind diesen hektischen Momenten auch nicht hilflos ausgeliefert. Wir können gegensteuern, einmal die Handbremse ziehen, versuchen, tief durchzuatmen, um uns ein paar Minuten Zeit zu nehmen und die Situation zu überdenken, anstatt Hals über Kopf zu reagieren. Und vielleicht können wir sogar die eine oder andere unserer Einstellungen überdenken, um uns hier und da dem Kindertempo anzupassen. Was ist mir wichtiger? 30 Minuten länger im Bett liegen zu bleiben oder früher aufzustehen, um den Morgen etwas zu entschleunigen? Kann ich mir ein Netzwerk aufbauen, in dem ein Betreuungswechsel mit anderen Eltern organisiert werden kann, oder will ich unbedingt alles alleine schaffen? Ich kann auch nach Kursen und Aktivitäten suchen, die besser zum Zeitverständnis meines Kindes passen. Ich kann gemeinsam mit meinen Kindern neue Rituale suchen, die ihnen das Einschlafen ermöglichen, ohne dass wir bis in den späten Abend über unstillbaren Durst, Gespenster oder Toilettengänge diskutieren. Ich kann versuchen, die ruhigen Momente zu nutzen, um Pläne zu machen und nach Lösungen für unser Zeitproblem zu suchen. Dafür eignet sich nicht nur der Start in jeden neuen Tag, sondern auch der Abend. Nehmen Sie sich vor dem Schlafengehen ein paar Minuten, um zurückzuschauen. Was war an diesem Tag besonders schön? Lassen Sie diese Momente dankbar Revue passieren und freuen Sie sich über das Geschaffte. Mit Sicherheit wird auch morgen ein guter Tag. Hören Sie nicht auf, nach Lösungen zu suchen – für mehr Glück, Gelassenheit und Zufriedenheit.

WARUM
WARUM

WARUM?

„Warum?“, fragt jedes Kind, jeden Tag, überall auf der Welt

„Warum, warum ist die Banane krumm?“ – In ihrer unstillbaren Neugier entdecken Kinder drei bis vier Jahre nach ihrer Geburt auch das „Warum?“. Von da an beschäftigt sie kaum eine Frage so ausdauernd wie diese. Und warum? Weil sie zunehmend über den notwendigen Wortschatz verfügen, um ihre Fragen artikulieren zu können – und damit sind sie fortan der Wirklichkeit hart auf den Fersen. Und warum? Weil ihre unbändige Neugier sie immer weiter antreibt. Und warum? Weil sie unermüdlich versuchen, Zusammenhänge zu begreifen. Und warum? Weil der kindliche Wissensdurst mit weiterem Wissen eher zu- als abnimmt. Und warum? Weil es so irre viel gibt, das sich lohnt, hinterfragt zu werden. Und warum? Na, weil das eben so ist. Und warum ist das bei uns Erwachsenen nicht so? Ja, das ist eine gute Frage: Warum eigentlich? Uns schwirrt von den unendlichen Frageschleifen unserer Kinder eher der Kopf, als dass wir uns von ihnen inspirieren lassen. Dabei könnten wir uns mindestens genauso oft fragen, warum etwas so und nicht anders ist und ob das überhaupt stimmt oder ob morgen schon wieder ganz andere Voraussetzungen völlig neue Wirkungen entfalten. Mono- oder Multikausalität? Alles schnuppe, das ist eben so und gut is'! Beruhigend, so eine Decke aus „Mir doch egal!" über jegliche aufkeimende Ursachenforschung zu schlagen. Vielleicht quälen wir Erwachsenen uns aber auch deswegen in so vielen Nächten unruhig durch den Schlaf, weil uns die Fragen beschäftigen, die wir tagsüber nicht gestellt haben. Während der Körper Erholung sucht, sucht der Geist nach Antworten.

Warum handle ich so und nicht anders?
Warum macht mich dieses glücklich und jenes traurig?
Warum fällt mir manches so schwer und anderes so leicht?
Warum liebe ich und warum hasse ich und warum fühle ich gelegentlich gar nichts?
Warum brauche ich von diesem so viel und von jenem so wenig?
Warum will ich das eine unbedingt festhalten und das andere loslassen?
Warum nehme ich manche Dinge in Kauf, obwohl ich genauso gut verbissen für Veränderung kämpfen könnte?
Warum vergesse ich manches sofort und merke mir anderes über Jahrzehnte?
Warum finde ich manche Situationen beruhigend und warum regen mich andere so auf?
Warum sage ich „Ja", wenn ich lieber „Nein" sagen würde?
Warum sage ich „Nein", wenn ich lieber „Ja" sagen würde?
Warum bleibe ich lieber an der Oberfläche, als fragend nach dem tieferen Sinn zu suchen?

Am Anfang der meisten Innovationen stand die Frage „Warum?". Warum ist das so und nicht anders? Und die Antworten offenbarten mögliche Alternativen, zeigten Wege, wie es besser funktionieren könnte. Gleichzeitig geht es bei jeder Warum-Frage nicht nur um die Antwort, sondern auch immer um den Fragensteller. Wir Erwachsenen neigen dazu, den Antworten hinterherzujagen wie der Hund dem

Stöckchen. Dabei lohnt es sich, der Frage selbst Aufmerksamkeit zu schenken, sagt sie doch eine Menge über Ihren Absender aus: Warum interessiere ich mich für dieses Thema, diese Frage? Warum jetzt? Wer wird gefragt, wie und warum?

***

Auch bei den manchmal endlosen Fragen unserer Kinder geht es oft weniger um die Antwort. Häufig scheint es sogar so, als würden sie uns provozieren wollen:

„Mama, warum muss ich jetzt ins Bett?"

„Weil du deinen Schlaf brauchst."

„Und warum gehst du nicht schlafen?"

„Weil ich noch nicht müde bin."

„Ich bin auch noch nicht müde. Warum darf ich nicht wach bleiben?"

„Weil du mehr Schlaf brauchst als ich."

„Warum?"

„Weil du noch klein bist und wächst und morgen in der Schule ausgeruht sein sollst."

„Aber ich bin doch ausgeruht. Warum kann ich heute nicht länger wach bleiben?"

Na, Sie kennen das vermutlich. Aber Kinder wollen uns mit ihren Fragenketten nicht ärgern, sondern sich noch ein kleines bisschen länger an uns binden. Sie suchen die Nähe zu uns Erwachsenen. Die Antworten sind nebensächlich, was zählt, ist unsere Aufmerksamkeit. Und das ist bei uns Erwachsenen ganz ähnlich. Auch wir stellen mit Fragen Nähe her, signalisieren Interesse und knüpfen über die Kommunikation ein verbindendes Band. Im Umkehrschluss bedeutet das natürlich: Wer nicht fragt, bleibt etwas auf Distanz. Daher sollten wir uns doch einmal fragen, warum wir aufgehört haben, diesem und jenem unsere Aufmerksamkeit zu widmen. Was ist so schlimm an Nähe?

***

Es gibt immer einen Grund, etwas zu tun oder zu lassen. Meist sogar mehr als einen. Eigentlich finden sich für jede Entscheidung tausend Gründe. Die Frage ist jedoch: warum? Beziehungsweise warum nicht? Wenn wir den Antworten auf diese Fragen nachgehen, lernen wir uns selbst besser kennen und unsere meist unbewussten Handlungen verstehen. Erst wenn wir die Gründe und damit auch die Ursachen kennen, können wir bewusst die Wirkung steuern. Wenn ich weiß, was mir wichtig ist, kann ich meine Prioritäten wesentlich leichter verteilen. Stress und Streit vermeiden oder, falls es sich nicht vermeiden lässt, die Situation klären. So vieles wird so unglaublich einfach, wenn wir versuchen, all die Zusammenhänge besser zu verstehen. Wenn ich weiß, warum ich glücklich bin, muss ich nicht warten, bis sich diese Glücksmomente wieder einstellen, sondern kann sie bewusst in meinem Leben installieren. Macht Sie ein Wochenende mit Freunden glücklich? Macht es Sie glücklich, Nachrichten zu schauen? Macht es Sie glücklich, sich abends mit einem Buch auf dem Sofa einzukuscheln? Was macht Sie glücklich? Finden Sie es heraus und vor allem: Schaffen Sie Platz dafür in Ihrem Leben und gönnen Sie sich diese Momente.

Gleiches gilt natürlich für negative Gefühle. Wenn ich weiß, warum ich traurig bin, gestresst oder überfordert, kann ich mich aktiv damit auseinandersetzen und Bedingungen schaffen, meine Umwelt so gestalten, dass diese Momente weitestgehend aus meinem Alltag verschwinden. Das Leben ist kein russisches Roulette, bei dem unsere Emotionen uns zufällig zugespielt werden. Wir können unser Leben aktiv mitgestalten. Dafür müssen wir aber auch wissen, warum und warum nicht dieses oder jenes so und nicht anders auf uns wirkt. Ich nehme meine Gefühle also nicht nur bewusst wahr, sondern ich erzeuge sie sogar aktiv. Wir müssen aufhören, an der Oberfläche schicksalsgläubig vor uns hin zu treiben, und beginnen, die Hintergründe unserer Gefühle und Handlungen zu erfragen.

Es gibt wohl so viele Bilder über das Leben, wie es Menschen auf der Welt gibt. Mir hat immer das Bild eines Zuges gefallen. Wir haben einen Weg vor uns, das Ziel ist nicht in Sicht, zumindest können wir nur über die Endstation mit Sicherheit Auskunft geben. Wann wir sie erreichen und wie, wissen wir jedoch nicht. Bis dahin halten wir an verschiedenen Bahnhöfen an, Menschen steigen ein und aus – manche bleiben länger, manche nur kurz. Manche sitzen direkt neben uns, manche in einem anderen Abteil. Mal fährt der Zug rasant und mal bummelt er träge vor sich hin. Jeder von uns verfolgt sein eigenes Ziel, in seinem eigenen Tempo.

Viele von uns sind jedoch sehr demütig, was den Fahrplan angeht, und sitzen teilnahmslos als Fahrgäste im eigenen Zug. Anstatt selbst das Steuer in die Hand zu nehmen und die Weichen zu stellen, ergeben wir uns einem ungefähren Fahrplan und lassen die Dinge auf uns zukommen, in der Hoffnung, ihnen gewachsen zu sein und eine erträgliche Reise präsentiert zu bekommen. Würden wir jedoch häufiger nach dem Warum fragen, versuchen, den Dingen auf den Grund zu gehen, würden wir auch mehr über uns und unser Leben erfahren und könnten mitsteuern. Wir könnten unseren Zug selbst lenken. Bewusst die Ziele ansteuern, die uns interessieren. Doch dafür müssten wir wissen, was genau unsere Ziele sind. Welche Ursache welche Wirkung hat. Bei mir, bei anderen, in der Natur. Wir würden erkennen, wie komplex wir selbst und unsere Beziehungen sind, aber auch die Komplexität dieser Welt und wir wären gezwungen, uns damit auseinanderzusetzen und uns zu positionieren … Sie sehen schon: Warum-Fragen können uns vieles erleichtern, aber sie können auch ängstigen und nerven, sehr sogar. Sie können uns ernsthafte Kopfschmerzen bereiten. Wer jedoch ein selbstbestimmtes Leben anstrebt, sollte sich diesen Fragen stellen und erst recht nach Antworten suchen.

Also, warum ist die Banane krumm? – Weil niemand in den Urwald flog und die Banane grade bog! Es gibt noch so vieles, was wir jederzeit gerade biegen können, und ich frage Sie: Warum nicht?

Das Leben ist ein Nutellabrot – Nachschlag gefällig?

Ein „Warum?“ kommt selten allein und stellt unsere Geduld auf eine harte Probe. Egal wer fragt – unser Kind, unser Partner, Freunde oder gar wir selbst. Dabei nervt uns eigentlich gar nicht die Frage an sich, sondern vielmehr der spärliche Wissensschatz, den wir ihr entgegenzusetzen haben. Nach zwei, drei Nachfragen sind wir meist mit unserem Latein am Ende. Warum? Weil wir irgendwann aufgehört haben zu fragen? Weil wir von den Antworten, die wir erhalten haben, nichts wissen wollten? Oder waren sie so unbefriedigend?

Wenn wir lernen, die richtigen Fragen zu stellen, kommen wir auch an unser Ziel. Häufig stellen wir jedoch die falschen. „Warum?“ ist da schon einmal ein Schritt in die richtige Richtung. Vielleicht versuchen Sie es auch einmal mit „Wozu?“. Das ist noch zielgerichteter, weil die damit verbundene Antwort oft in die Zukunft weist. Es fragt nicht nur nach subjektiven Gründen, sondern nach dem Zweck, nach der Bestimmung einer Handlung oder eines Gegenstands. Mit einem „Wozu“ in unseren Fragen erfahren wir von unserem Gegenüber also auch den Zweck seiner Handlung und können so einander vielleicht besser verstehen. Zum Beispiel bei der Frage nach den herumliegenden Legosteinen ...

„Warum hast du alle Legosteine auf dem Boden verteilt?“

„Weil ich jetzt hier spiele.“

Oder Sie fragen:

„Wozu hast du alle Legosteine auf dem Boden verteilt?“

„Na, weil ich doch ein Haus baue. Und dann brauche ich noch eine Garage für das Auto und einen Zaun für den Garten und dann sehe ich gleich, welche Bausteine ich dafür habe.“

Schon ein Unterschied, oder? Funktioniert übrigens auch bei: „Warum/Wozu bist du sauer auf mich?“, „Warum/Wozu regst du dich so auf?“ oder „Warum/Wozu sollten wir schon wieder darüber reden?“.

Quellen

1 Zitat von Erich Kästner, aus: „… was nicht in euren Lesebüchern steht", Hrsg. Wilhelm Rausch ©Atrium Verlag, Zürich und Thomas Kästner.

2 frei zitiert nach einem Ausspruch von Hermann Hesse

3 Dettmer, Markus/Shafy, Samiha/Tietz, Janko: „Volk der Erschöpften". In: DER SPIEGEL 04/2011, S. 114

4 Dettmer et al., Erschöpften, a. a. O., S. 114

5 „Gelassenheitsgebet" nach Reinhold Niebuhr

6 Krummholz, Gertje/Schönemann, Christiane S.: „Medizin der Achtsamkeit". In: Happinez 04/2013, S. 38

7 Coelho, Paulo: Aleph. Zürich: Diogenes 2012, S. 56

8 Adolph Freiherr von Knigge: Über den Umgang mit Menschen. Frankfurt a. M.: Insel 1977, Kapitel 13

9 Dove Real Beauty Sketches: http://www.youtube.com/watch?v=XpaO-jMXyJGk (Stand 29.01.2014)

10 http://arnostern.com/de/malort.htm (Stand 20.02.2014)

11 Vortrag „Glücksgefühle!" von Prof. Gerald Hüther; einsehbar unter: http://www.youtube.com/watch?v=MrYcRzN91eE (Stand 29.01.2014)

12 Alle, Katrin/Mayerl, Jochen: „Der Bystander-Effekt in alltäglichen Hilfesituationen: Ein nicht-reaktives Feldexperiment". In: SISS: Schriftenreihe des Instituts für Sozialwissenschaften der Universität Stuttgart. No. 1/2010; einsehbar unter: http://www.uni-stuttgart.de/soz/institut/forschung/2010.SISS.1.pdf (Stand 29.01.2014)

13 Michael J. Poulin u. a.: „Giving to Others and the Association Between Stress and Mortality". In: American Journal of Public Health: September 2013, Vol. 103, No. 9, S. 1649–1655; einsehbar unter: http://ajph.aphapublications.org/doi/abs/10.2105/AJPH.2012.300876?prevSearch=Stress&searchHistoryKey= (Stand 29.01.2014)

14 Lipton, Bruce: Intelligente Zellen: Wie Erfahrungen unsere Gene steuern. Burgrain: Koha 2006

15 David Servan-Schreiber: Die neue Medizin der Emotionen. Goldmann 2006, S. 26

16 Zeug, Katrin: „Der Fluch der Vorurteile". In: ZEIT Wissen Magazin 03/2013

17 http://www.brck.com/ (Stand 29.01.2014)

18 Aufzeichnung der (englischsprachigen!) Konferenz einsehbar unter: http://dld-conference.com/events/from-fertility-to-social-egg-freezing (Stand 29.01.2014)

19 Hüther, Gerald/Hauser, Uli: Jedes Kind ist hoch begabt. Die angeborenen Talente unserer Kinder und was wir aus ihnen machen. München: Knaus 2012, S. 43
20 Hüther et al., hoch begabt, a. a. O., S. 39
21 https://www.destatis.de/DE/ZahlenFakten/GesellschaftStaat/Bevoelkerung/Ehescheidungen/Ehescheidungen.html (Stand: 19.02.2014)
22 © Virginia Satir, Mein Weg zu dir, Kösel-Verlag in der Verlagsgruppe Random House, München 2007
23 Osten, Manfred: Die Kunst, Fehler zu machen. Plädoyer für eine fehlerfreundliche Irrtumsgesellschaft. Frankfurt a. M.: Suhrkamp, 2006
24 Siering, Frank: „Genug Selbstvertrauen für Fehler". In: Handelsblatt 20.11.2005; einsehbar unter: http://www.handelsblatt.com/unternehmen/management/strategie/arbeitgeber-in-usa-genug-selbstvertrauen-fuer-fehler/2578480.html (Stand 29.01.2014)
25 http://kurier.at/menschen/international/emma-stone-michael-jordan-und-oprah-die-misserfolge-von-promis/41.381.673/slideshow#41381673,1606737 (Stand 29.01.2014)
26 http://kurier.at/menschen/international/emma-stone-michael-jordan-und-oprah-die-misserfolge-von-promis/41.381.673/slideshow#41381673,1606789 (Stand 29.01.2014)
27 http://de.wikipedia.org/wiki/Albert_Einstein (Stand 20.02.2014)
28 http://kurier.at/menschen/international/emma-stone-michael-jordan-und-oprah-die-misserfolge-von-promis/41.381.673/slideshow#41381673,1607729 (Stand 29.01.2014)
29 http://de.statista.com/statistik/daten/studie/75719/umfrage/ausgaben-fuer-nahrungsmittel-in-deutschland-seit-1900/ (Stand 20.02.2014)
30 Blech, Jörg: „Heilen mit dem Geist". In: DER SPIEGEL 21/2013; einsehbar unter: http://www.spiegel.de/spiegel/print/d-95169259.html (Stand 29.01.2014)
31 Shafy, Samiha: „Schluss mit dem Puppenspiel". In: DER SPIEGEL Wissen 03/2013, einsehbar unter: http://www.spiegel.de/karriere/berufsleben/coach-andrea-och-wie-frauen-schneller-karriere-machen-a-921292-2.html (Stand 29.01.2014)
32 David Servan-Schreiber: Die neue Medizin der Emotionen. München: Goldmann 2006, S. 226
33 Burkhard Straßmann: „Unglaublich komisch". In: Zeit-Online, 22.01.2011; einsehbar unter: www.zeit.de/2011/17/Lachforschung (Stand 29.01.2014)

34 Monika Preuk: „Lachen ist gesund“. In: Focus-Online, 09.03.2007; einsehbar unter: http://www.focus.de/gesundheit/ratgeber/psychologie/gesunde-psyche/lachen/12-beweise_aid_10728.html (Stand 29.01.2014)

35 Geschichte der Tour de France: http://www.cycling4fans.de/index.php?id=3480 oder http://www.letour.fr/le-tour/2014/us/history/ (Stand 29.01.2014)

36 http://www.clubmed.de/cm/urlaub-die-geschichte-br-von-club-med_p-5-l-DE-pa-HISTOIRE_DU_CLUB_MED-ac-di.html (Stand 29.01.2014)

37 http://www.mymuesli.com/muesli/index.php?vw=info&ec=detail&mnid=1&mnpt=1|2|21&id=5 (Stand 29.01.2014)

38 Pöppel, Ernst: Zum Entscheiden geboren. Hirnforschung für Manager. München: Hanser 2008, S.19

39 http://www.lucs.lu.se/choice-blindness-group/ (Stand 19.02.2014)

40 Augapfel, Lederhaut, Aderhaut, Netzhaut, Hornhaut, Bindehaut, Iris, Pupille, Linse, Sehnerv, Glaskörper, oberes und unteres Augenlid

41 annähernd 900 Tonnen

42 Ab 10 000 Einwohnern spricht man von einer Stadt.

43 „Fähe“ lautet die richtige Antwort.

44 http://www.alphabet-derfilm.at/ (Stand 19.02.2014)

45 Hannemann, Matthias: „Ab in die Wüste“. In: Brand eins, Heft 01/2011

46 http://www.dksb.de/CONTENT/SHOWPAGE.ASPX?CONTENT=459&TPL=0 (Stand 20.02.2014)

47 Credit Suisse: Video „Weltweites Vermögen erreicht neues Allzeithoch“; einsehbar unter: https://www.credit-suisse.com/de/de/news-and-expertise/topics/wealth.html (Stand 20.02.2014)

48 http://www.oafrica.org/ (Stand 19.02.2014)

49 http://www.back-to-life.org/ (Stand 19.02.2014)

50 Dies schrieb Ludwig van Beethoven während der Arbeit an der 2. Sinfonie an seinen Freund Franz Gerhard Wegeler, als sich seine Taubheit immer deutlicher abzeichnete, siehe auch: http://de.wikipedia.org/?title=Liste_gefl%C3%BCgelter_Worte/I#Ich_will_dem_Schicksal_in_den_Rachen_greifen. (Stand 19.02.2014)

51 Baumgarten, Silke/Schütte, Sinja: „Manuela Schwesig: ‚Eine 32-Stunden-Woche für Eltern‘“. In: BRIGITTE Heft 01/2013; einsehbar unter: http://www.brigitte.de/frauen/job/jutta-allmendinger-1149815/ (Stand 19.02.2014)

52 Kersley, Richard/O'Sullivan, Michael: „Wohlstand. Weltweites Vermögen erreicht neues Allzeithoch“; einsehbar unter: https://www.credit-suisse.com/de/de/news-and-expertise/topics/wealth.article.html/article/pwp/news-and-expertise/2013/10/de/global-wealth-reaches-new-all-time-high.html (Stand 20.02.2014)

Hinweis: Es wurde versucht, alle Quellen ordnungsgemäß zu benennen. Sollten sich Rechteinhaber ungenannt wiederfinden, können sie sich gerne an den Verlag wenden.

Die Autorin

© Phillip Fröhlich

Tina Schütze (36) ist Kulturwissenschaftlerin und schreibt für verschiedene Elternzeitschriften. Außerdem arbeitet sie als Fitness-Coach mit Schwangeren und frischgebackenen Mamis. Wie großartig Kinder sein können, erfährt sie nicht nur durch ihre Arbeit, sondern auch durch ihre zwei eigenen kleinen Energiebündel. Auch wenn an manchen Tagen nicht ersichtlich ist, wer in diesem Dreiergespann das Sagen hat, lässt sie sich immer wieder von ihrem smarten Frühpubertierenden und ihrem bezaubernden Wirbelwind in Pink inspirieren. Sie lebt mit ihrer Familie in Berlin.

Der Illustrator

© privat

Roland Brückner (30) studierte Kunst an der Universität der Künste Berlin und arbeitet seit 2005 als freier Künstler und Illustrator in Berlin. In seinem Studio für Animation und Illustration bitteschön.tv produziert er mit seinen Kompagnons Musikvideos, Werbefilme und Illustrationen. Mal für Geld, mal zum Spaß. Er hat zwei Kinder und ist seit 2008 zudem Papi des Mumpelmonsters, dessen Abenteuer er in bislang über dreißig Kinderbüchern veröffentlichte. Roland Brückner lebt in Berlin.